启微

SPEAKING OF PROFIT: Bao Shichen and Reform in Nineteenth-Century China

by William T. Rowe

Published by arrangement with Harvard University Asia Center

through Bardon-Chinese Media Agency

言利

SPEAKING OF PROFIT

包世臣与19世纪的改革

Bao Shichen and Reform in Nineteenth-Century China

启微

[美] 罗威廉（William T. Rowe）著

许存健 译

倪玉平 审校

社会科学文献出版社
SOCIAL SCIENCES ACADEMIC PRESS (CHINA)

中文版自序

第一次发现包世臣是在1970年代末，当时我正在撰写汉口的学位论文。包世臣曾去过汉口，他在文章中称赞汉口发达的冶铁业，可以担负生产武器的重任。包世臣的创新政策引起了我的兴趣，当时西方汉学家普遍轻视“传统”儒家士人的创新思维。我当时便计划，一旦时间允许便深入研究他。很长时间之后，我才重新回到包世臣的研究，本书便是多年来的研究成果。

与此同时，我花了几年的时间研究另一位改革家——陈宏谋（1696～1771），他活跃于乾隆时期，比包世臣（1775～1855）早了大约一百年。由于对陈宏谋的研究经历，不可避免地会让我将包世臣与陈宏谋进行比较。他们二人自清朝以来便一直被视为经世改革家，但陈宏谋生活在“盛世”的乾隆朝，而包世臣活跃于危机四伏的嘉道时期。时代背景的不同，导致两人优先解决的问题也存在差异。

在今天的西方学者眼中，包世臣的主要贡献是在漕运和盐政改革两方面。在两次改革中，包世臣提出漕粮和食盐的运输，应该委托给私商，而不是政府，因为商人会为了个人利益按照市场的逻辑运作。在漕粮海运方面，魏源认为从河运到海运的革命性意义在于清朝开始了对海洋世界的探索；但在包世臣看来，这项改革更大的意义在于国家放松了对市场和私人资本的控制。

因此，有些学者认为包世臣的思想类似于西方的“自由主义”。本书认为这种观点有些夸大其词。尽管包世臣尊重“逐利”和市场无形的手，但在他的整个职业生涯中，核心关注点一直是维护国家的财政收入。对于18世纪三四十年代的陈宏谋而言，财政富足和国家强大被视为理所当然；但到19世纪早期，包世臣所面对的是积弊丛生、财政匮乏的社会现实。对于包世臣来说，尊重商业市场的力量，恰恰是增加国家财政收入的一种手段。面对日益增长的外来威胁，包世臣早于时人产生了恐慌，因此急迫地想要让国家变得富强。在这个意义上，包世臣上承顾炎武、陈宏谋以及魏源的经世治国理念，同时开启了19世纪后期冯桂芬等自强求富的洋务运动。

2019年4月

目　录

致谢

在过去的几年，我在许多机构和研讨会上做了关于包世臣的报告，包括约翰霍普金斯大学、华盛顿大学西雅图分校、耶鲁大学、哥伦比亚大学、宾夕法尼亚大学、华东师范大学以及亚洲研究协会年会。在每个场合，主办方和听众都极大地帮助了我凝练论点。特别感谢魏丕信教授（Pierre-Étienne Will）、濮德培教授（Peter C. Perdue）、詹姆斯·斯科特教授（James Scott）、林满红教授、王笛教授、姜进教授、盖博坚教授（R. Kent Guy）、万志英教授（Richard von Glahn）、董玥教授（Madeleine Dong），感谢他们的评议和帮助。哈佛大学亚洲研究中心出版委员会的两位匿名评审人为本书的提升给出了非常多的好建议，中心的罗伯特·格雷厄姆（Robert Graham）也为我提供了长期的支持。

本书的部分章节曾以单篇论文的形式发表："Money, Economy, and Polity in the Daoguang-era Paper Currency Debates," *Late Imperial China* 21.2（December 2010）；"Introduction: The Significance of the Qianlong-Jiaqing Transition in Qing History," *Late Imperial China* 22.2（December 2011）；"Rewriting the Qing Constitution: Bao Shichen's 'On Wealth'（*Shuochu*），" *T'oung Pao* 98(2012)；"Bao Shichen and Agrarian Reform in Early Nineteenth-Century China," *Frontiers of History in China* 9.1(2014)。非常感

谢这些杂志的出版商约翰霍普金斯大学出版社和博睿出版社，允许我在本书中再次使用这些内容。

能够成为约翰霍普金斯大学历史系和亚洲研究项目的一员，我感到非常幸运。感谢霍普金斯的同事和同学，以及我最重要的朋友梅尔清教授（Tobie Meyer-Fong），她在本书的写作过程中一直提供智力上和精神上的支持。

一如既往，感谢我最重要的支持者 Jill Friedman，Josh Rowe 和 Sara Rowe。

前言：盛世的终结*

在过去的几十年里，我们对 18 世纪的康乾盛世，以及 19 世纪末 20 世纪初的首次“开放”做了大量的研究。但关于 19 世纪上半叶，即嘉庆（1796～1820）、道光（1821～1850）两朝，除了鸦片战争外，学者关注得较少。1978 年出版的《剑桥中国晚清史》，其中关于 19 世纪初的部分由曼素恩（Susan Mann Jones）和孔飞力（Philip A. Kuhn）合著，标题为“清王朝的衰落与叛乱的根源”。与该书的大部分章节总结领域内的知名研究不同，这部分提供的是全新的研究成果，因为他们研究的时段在英语世界中长期被忽视。[①] 具有讽刺意味的是，他们文章的权威性可能导致了此后很长时间内缺乏新的研究成果，因为鲜有学者认为自己能挑战他们的结论。[②]

---

* 作者曾将这部分前三小节的初稿以《乾嘉变革在清史上的重要性》为题，发表在《清史研究》2012 年第 3 期。本书翻译过程中参考了该译本。——译者注

① Susan Mann Jones and Philip A. Kuhn, “Dynastic Decline and the Roots of Rebellion,” in John K. Fairbank, ed., *Cambridge History of China*, vol. 10, *Late Ch'ing, 1800 - 1911*, part Ⅰ (Cambridge: Cambridge University Press, 1978), pp. 107 - 162.

② 中国和西方都缺乏对 19 世纪清朝的研究，参见 Seunghyun Han, *After the Prosperous Age: State and Elites in Early Nineteenth-Century Suzhou* (Cambridge, MA: Harvard University Asia Center, 2016), pp. 6 - 11.

这一空白虽然可以理解，却也让人非常惊讶，因为嘉庆朝被认为是近代中国历史上无可争议的转折期。关文发所写的嘉庆帝传记，将这个时代直接定义为“从盛到衰”的转折点。[①] 嘉庆朝出现了直接、复杂且严重的危机，社会上存在着广泛的不满，以往可以遵循祖制的事情变得难以为继。更重要的是，内外官员以及嘉庆帝自己都清楚地知道这一情况，对当时的状况感到非常沮丧，并为怎样才能做得更好而焦虑。另一方面，从后来的视角看，稍后的人对嘉道社会评价却很高。太平天国以后的记载中，对嘉庆的“黄金时代”充满怀念。在这些记载中，嘉庆朝的官员和士人，包括嘉庆帝本人，给后人留下的是有能力、博闻强识、坦诚且富有活力的印象，但同时又极度忧虑不安。当时一个非常有影响力的学者便是本书的主角——包世臣（1775～1855）。

从乾隆到嘉庆

至迟从铃木中正 1952 年的奠基性论著《清朝中期史研究》开始，经过几代人的耕耘，学者为我们勾勒了 19 世纪前后清朝出现的相当突然和显著的衰落。[②] 当时的许多有识之士已经注意到了人口危机。早在 1793 年洪亮吉就提出，近百年来清朝的人口“不啻增二十倍焉”，但可以耕种的土地“亦不过增一倍而止矣，或增三倍五倍而止矣”。这样不可避免地会陷入马尔萨斯式的“水旱疾疫”，从而通过灾害抑制人口的增长。尽管如此，仍无法缓解长期的生存

---

① 关文发：《嘉庆帝》，吉林文史出版社，1993，第 30 页。

② 鈴木中正『清朝中期史研究』愛知大学国際問題研究所、1952。

危机。[①] 由于溺杀女婴的“主动人口抑制”等行为造成了性别比例失调，加之日益贫困的男性无法承担家庭负担，结果导致了让人忧虑的人口问题——光棍数量的增长。[②] 此外，曼素恩和孔飞力的研究发现，通过科举和做官向上流动的男性占总人口的比重下降，这被称为后殖民世界发展中国家典型的“人才过剩”（talent glut）现象。[③]

如果说“人才过剩”是繁荣增长带来的危机，当时广泛的环境退化同样也是繁荣导致的结果。由于长江中下游地区对商品粮食需求的增长，长江中游世代的围湖造田可能导致了中国历史上首次对长江流域的洪涝予以重视，其程度提高到与黄河、淮河一样的水平。经过此前一百年的开垦，山上的表层土壤流失严重，肥力逐渐下降，这导致了民众经济上的不满，并成为白莲教起义的根本原因。[④] 乾隆后期因管理不善，黄河河

---

① 洪亮吉的著名人口论述由刘广京翻译，收入 Teodore de Bary and Richard Lufrano, eds., *Sources of Chinese Tradition*, 2nd ed. (New York: Columbia University Press, 2000), 2, pp. 174 – 176. 有关洪亮吉观点和文本的讨论，参见关文发《嘉庆帝》，第 188 ~ 194 页。

② James Z. Lee and Wang Feng, *One Quarter of Humanity: Malthusian Mythology and Chinese Realities* (Cambridge, MA: Harvard University Press, 1999), pp. 47 – 51; Ted A. Telford, "Family and State in Qing China: Marriage in the Tongcheng Lineages, 1650 – 1850," 中研院近代史研究所编《近世家族与政治比较历史论文集》，1992，第 921 ~ 924 页；Matthew H. Sommer, *Sex, Law, and Society in Late Imperial China* (Stanford: Stanford University Press, 2000), pp. 12 – 15 and passim。

③ Susan Mann Jones and Philip A. Kuhn, "Dynastic Decline and the Roots of Rebellion," in John K. Fairbank, ed., *Cambridge History of China*, vol. 10, *Late Ch'ing, 1800 – 1911*, part 1, pp. 113 – 116.

④ Pierre-Étienne Will, "Un cycle hydraulique en Chine: la province du Hubei du 16ème au 19ème siècles," *Bulletin de l'école française d'extrême orient* 68 (1980): 261 – 287; Peter C. Perdue, "Water Control in the Dongting Lake Region During the Ming and Qing Periods," *Journal of Asian Studies* 41.4 (August 1982):

工破产，造成运河淤塞，往京城和北部边疆运送漕粮变得更加困难。

许多边疆地区出现了军事威胁，白莲教起义是其中规模最大但并非唯一的。如 1795 年在湘黔边界爆发的苗民起义，标志着该地区数十年来摇摆不定的民族政策最终失败。[①] 白莲教运动本身也是涉及多方面的灾难，宗教问题只是暂时驱散，但无法真正镇压下去，到 1813 年又重新爆发。[②] 另一方面，在镇压白莲教起义的过程中，朝廷在一定程度上失去了对军队的控制权，不得不雇佣唯利是图的乡勇民团。但这些民团为了维持自己的收入，导致战争被故意拖延了好几年。[③] 镇压白莲教起义极大地消耗了“盛世”所积累的盈余，并使得朝廷甚至通过令人憎恶的方式来平衡财政收支。[④] 1801 年，年轻的改革者包世臣指出，每一个官员都不得不应付献给上司的规礼。[⑤]

经过和珅的多年弄权，整个官僚体系的道德和行政能力都非常低下。在接任皇位后，嘉庆帝将和珅逮捕，并在 1799

---

747 – 765; Evelyn S. Rawski, "Agricultural Development in the Han River Highlands," *Ch'ing-shih wen-t'i* 3.4 (1975):63.

① Donald S. Sutton, "Ethnicity and the Miao Frontier in the Eighteenth Century," in Pamela Kyle Crossley, Helen F. Siu, and Donald S. Sutton, eds., *Empire at the Margins: Culture, Ethnicity, and Frontier in Early Modern China* (Berkeley: University of California Press, 2006), pp. 190 – 228.

② Susan Naquin, *Millenarian Rebellion in China: The Eight Trigrams Uprising of 1813* (New Haven: Yale University Press, 1976).

③ Yingcong Dai, "Civilians Go into Battle: Hired Militias in the White Lotus Wars, 1795 – 1805," *Asia Major*, 3rd ser., 22.2 (December 2009):145 – 178.

④ Elisabeth Kaske, "Fund-Raising Wars: Office Selling and Interprovincial Finance in Nineteenth-Century China," *Harvard Journal of Asiatic Studies* 71.1 (June 2011):69 – 141.

⑤ 参见本书第二章。

年2月赐其自尽。由于没有进一步清理和珅的同党，很多士人对嘉庆帝不满。在清朝政治史上出现了重要的一幕，广受尊重的翰林院编修洪亮吉经成亲王上书，痛斥了新君主的怯懦。洪亮吉最初被判处死刑，但最终改为流放。洪亮吉成为幻想破灭的年轻士人心中的英雄，这些人已经崭露头角，但对自己的职业抱负感到沮丧。① 洪亮吉绝非个例，青年学者包世臣虽然赞同嘉庆帝关于宽恕罪恶轻微官员的决定，但也请求对国家行政体制进行彻底的清查。这项提议虽然被嘉庆帝忽视，但影响了随后几十年的改革者。似乎可以认为，嘉庆帝在18、19世纪之交整顿吏治的失败，成为清朝灭亡的根本原因。

从长时段来看，在晚清的历史进程中，嘉庆朝出现的一些因素被有的学者视为至关重要：政治权力从中央行政机构下降到官僚之外的地方精英手中。孔飞力在1970年出版的具有开创性的地方叛乱研究中，将“中国近代的开始”划定为太平天国和捻军起义的1850~1860年代。但该书写成十年后，在一篇反思性的序言中，孔飞力承认最重要的转折并非军事活动，而是地方精英开始了抗税运动，这在半个世纪前的嘉庆朝

---

① 洪亮吉的信件，The odore de Bary and Richard Lufrano, eds., *Sources of Chinese Tradition*, pp. 172 - 174. 关于这件事的研究，参见 David S. Nivison, “Ho-shen and His Accusers: Ideology and Political Behavior in the Eighteenth Century,” in David S. Nivison and Arthur S. Wright, eds., *Confucianism in Action* (Stanford: Stanford University Press, 1959), pp. 209 - 243; Susan Mann Jones, “Hung Liang-chi (1746 - 1809): The Perception and Articulation of Political Problems in Late Eighteenth-Century China,” Ph. D. dissertation, Stanford University, 1971. 受洪亮吉影响的年轻一代士人情况，参见 James M. Polachek, *The Inner Opium War* (Cambridge, MA: Harvard University Council on East Asian Studies, 1992).

就已经出现。[①] 最近，孔飞力的学生韩承贤（Seunghyun Han）也认为嘉庆初期中央权力的退出，以及与之伴随的地方精英权力的增长，在大多数情况下是政府刻意为之，或者至少是政府默许的。韩承贤发现这一扩张表现在三个方面：一是精英在政府捐纳制度刺激下，大量资助地方公共事业；二是中央放松了对名宦与乡贤的管控，相比于和中央的联系，这些人与地方的利益结合更加紧密；三是地方出版业的复兴，例如这一时段市镇志的大量出版，这是自 1770 ~ 1780 年代《四库全书》"文字狱"后对著作审查放松的结果。[②]

司法改革：嘉庆帝的维新？

最近一些学术研究对嘉庆朝提出了更为积极的看法，强调朝代革新产生了复兴的效果，至少持续了数十年，也许直到道光萧条和第一次鸦片战争出现新的威胁之前。相较而言，直到今天道光帝仍被视为不成熟且优柔寡断的皇帝。[③] 关文发似乎是为了与百年后的"清末新政"相呼应，将嘉庆初年的一系列改革称为"嘉庆新政"。[④] 在一篇简短但很有深度的文章中，

---

① Philip A. Kuhn, *Rebellion and Its Enemies in Late Imperial China: Militarization and Social Structure: 1796 - 1864* (Cambridge, MA: Harvard University Press, 1970).

② Seunghyun Han, "Changing Roles of Local Elites from the 1730s to the 1820s," in Willard J. Peterson, ed., *Cambridge History of China, vol. 9, The Ch'ing Dynasty to 1800*, part 2 (Cambridge: Cambridge University Press, 2016), pp. 606 - 648. 关于嘉庆朝地方权力增长的问题，参见 Elisabeth Kaske, "Fund-Raising Wars: Office Selling and Interprovincial Finance in Nineteenth-Century China," *Harvard Journal of Asiatic Studies* 71.1 (June 2011): 90 - 99.

③ 例如茅海建的《天朝的崩溃：鸦片战争再研究》（三联书店，2005）。

④ 关文发：《嘉庆帝》，第 113 ~ 114 页。

张玉芬将嘉庆初年的政策转向总结为“咸与维新”，米丹尼（Daniel McMahon）将之巧妙地译为嘉庆维新（Jiaqing Restoration），这个短语在当时的语境中有独特的意思。当然，嘉庆帝不得不遵守孝道，并继续实行乾隆帝的政策和措施，以避免自己公开地偏离乾隆帝的轨迹。乾隆帝去世后的第一年，即嘉庆四年（1799）正月，翰林院学士、蒙古旗的法式善在他上呈的新年贺词中，祝贺嘉庆帝“亲政维新”。嘉庆帝对这一表述感到十分恼火，并坚持认为他只是恪遵祖制、率循旧章，法式善因奏事不当而被革职。但同时期的其他人，包括年轻的满洲贵族昭梿同样对所见到的政治改革兴奋不已，并在《啸亭杂录》中将之称为“维新”。[①]

许多学者对这次维新过程中的部分内容非常重视。其中最重要的是嘉庆帝成功地组织了一次联合一致的、旷日持久的并极为成功的行动，将和珅妖魔化为“元恶”，把他作为几十年来贪腐和吏治败坏的唯一负责人。这次成功的运动在历史上是如此经典，以至于今天的历史书写依然受其影响！扳倒和珅意味着将会进行行政改革，但嘉庆帝将自己推到和珅的对立面，希望自己可以恢复“实政”“勤政”，以及最重要的“敏政”。[②] 实、勤、敏成为那些年嘉庆帝讲话的基本内

---

① 张玉芬：《论嘉庆初年的“咸与维新”》，《清史研究》1992 年第 4 期；Daniel McMahon, “Dynastic Decline, Heshen, and the Ideology of the Xianyu Reforms”,《清华学报》（新竹），2008 年第 2 期。关于昭梿，参见 R. Kent Guy, *Qing Governors and Their Provinces: The Evolution of Territorial Administration in China, 1644 - 1796* (Seattle: University of Washington Press, 2010), p. 139.

② Daniel McMahon, “Dynastic Decline, Heshen, and the Ideology of the Xianyu Reforms”,《清华学报》（新竹）2008 年第 2 期。

容。还在做太子时，嘉庆帝就致力于学习这些词的历史意义。嘉庆帝曾写过一篇文章："虽有良法美意具于方册，而不得奉行之人，则治功不奏；虽得奉行之人，而不励勤敏之志，则庶事无成。"[①]

朱珪是嘉庆帝幼年时的老师，他来自一个有权势的京官知识分子家庭。朱珪曾被和珅贬谪到外省（巧合的是，朱珪在那里发现并资助了年轻的包世臣）。乾隆帝去世后几周，在朱珪的指导下，嘉庆帝开始清除和珅建立的地方权力网络。在1799～1802年的四年时间里，嘉庆帝任命了43位新督抚，遍布国家的四面八方，有许多官员被直接罢免。[②]

嘉庆帝禁止各地进贡宝物，发起了崇俭黜奢运动。他明确地取消了他父亲喜爱的南巡，以此将自己树立为节俭的模范。同时他尽量不去圆明园、热河等行宫，并禁止在皇城内搭台唱戏。

为了追求勤政和敏政、兴利除弊，嘉庆帝在其亲政的第一个月就宣称要广开言路。民众关心的任何问题都可以通过常规的渠道，从下层传递到中央。随着嘉庆帝不断重复"诏求真言"，这也成为宣传活动的一部分。事实上，新的研究成果表明，嘉庆帝初期对劝谏和公开议政是非常宽容的。他还高调地起用了几个曾在乾隆帝手下任职的"敢言之臣"，包括监察御史曹锡宝和礼部侍郎尹壮图。曹锡宝曾在1786年因弹劾和珅的手下而被罢官；尹壮图曾在1790年奏报中声称各直省的藩库亏空严重，并认为这让民众遭受损失。

---

① 关文发：《嘉庆帝》，第103页。

② R. Kent Guy, *Qing Governors and Their Provinces*, pp. 141–142.

作为广开言路的结果，嘉庆帝决定恢复京控制度。如果原告对案件的处理结果不满意，无论是在州县还是省一级，都可以直接向都察院或步军统领衙门控诉。这类案件从乾隆后期开始增多，促使乾隆帝加强了限制，并从 1784 年开始对那些被判定为无根据案件的大多数上诉人施加严厉的惩罚。嘉庆帝愿意听取更多的上诉，并将这些上诉与清除和珅时期的残余相联系。他强调自己对那些官员渎职和苛征暴敛的案件特别感兴趣，并且明确将过去叛乱的爆发与传递信息渠道受阻相联系。嘉庆帝征集到了大量的京控，其数额远超人们的预期，并在 19 世纪的前期继续增加。由于案件积压严重，朝廷不得不将大部分的上诉发回地方重审。经过长期的试验，一个新的省级机构被创造出来——发审局。这个审判机构隶属于提刑按察司，并由巡抚担任最高长官。最近的研究认为，这项创新对于资金匮乏的帝国来说成本非常高，但看起来似乎减少了暴力抗争（这也是嘉庆帝的预期），而且这也是帝制晚期司法独立过程中的重要一步。①

韩承贤通过研究科举士子的罢考问题，为嘉庆初期对不同意见的宽容态度提供了进一步的论证。在乾隆后期，通常对罢考者从重处罚。这一高压政策被嘉庆帝废止，他还将宽松政策应用于罢市的商人和抗税的群众。也可以发现，嘉庆帝对那些鞭打士人的“专断”官员给予处罚。通过统计分析，韩承贤

① 关于京控过程的经典研究，参见 Jonathan K. Ocko, “I'll Take It All the Way to Beijing: Capital Appeals in the Qing,” *Journal of Asian Studies* 47.2 (May 1988): 291 - 315. 同时也可参见张世明、冯永明《“包世臣正义”的成本：晚清发审局的经济学考察》，《清史研究》2009 年第 4 期；Qiang Fang, “Hot Potatoes: Chinese Complaint Systems from Early Times to the Late Qing (1898),” *Journal of Asian Studies* 8.4 (November 2009): 1105 - 1136.

认为整体上“在乾隆时期很可能会遭受死刑的各种集体行动，在嘉庆朝的处罚都要轻一些”。[①]

在最近一本饱受争议的著作中，王文生探讨了嘉庆帝在“减少内外朝区别”方面的尝试。[②] 鉴于和珅贪污的主要手段是通过军机处和内务府，嘉庆帝迅速开始了改革。在内务府方面，嘉庆帝试图改变内务府官员可以自行任命下属的规定，改由皇帝亲自任命，任期通常为三年。乾隆后期，户部收入中的“议罪银”[③] 规模大幅增长，嘉庆帝对“议罪银”进行了限制。[④] 对于军机处，嘉庆帝无视士大夫要求将其废除的提议，转而将其官僚化、标准化，并规范其活动范围。最先开始的是一次重大的人事调整，使得军机处制度至少部分地遵循了正常官僚制的回避制度：禁止家人、亲属同时担任军机大臣，并禁止军机大臣兼任其他职位。他取消了总理军机大臣的职位，限制军机章京的数量，改革军机处的文书处理程序和通信渠道，并命令军机处以后在处理问题时要上呈多个意见，而不是由军机处选定一个呈交。嘉庆帝首次将军机处置于正式的监察之下，要求至少有一名御史参加每次军机会议。同时他重启了“九卿”制度，作为对军机处权力的制衡。这些新的规则都在嘉庆朝《大清会典事例》中进行了阐释，这套书的编撰始于

---

① Seunghyun Han, "The Punishment of Examination Riots in the Early to MidQing Period," *Late Imperial China* 32. 2 (December 2011): 133 – 165.

② Wensheng Wang, *White Lotus Rebels and South China Pirates: Crisis and Reform in the Qing Empire* (Cambridge, MA: Harvard University Press, 2014).

③ 乾隆年间，为解决财政危机，设立以钱顶罪制度。——译者注

④ 关于19世纪后期议罪银的增长，参见 Ting Zhang, "Penitence Silver and the Politics of Punishment in the Qianlong Reign, 1736 – 1796," *Late Imperial China* 31. 2 (December 2010): 34 – 68.

19 世纪初，但直到 1818 年才正式出版。通过这套书，军机处的地位第一次得到了法律的认可。①

几乎所有人都同意，嘉庆初年的改革在短期内是有效的，但无法阻止清朝长期性的衰落。一个更大的问题是：这些改革是否有相对长远的隐性影响？换言之，假如我们认为 19 世纪之交的危机是长久且周期性的，那么嘉庆朝在解决问题方面的积极尝试是否也会对中国历史造成长远的影响？嘉庆帝的激进改革是否无意中打开了潘多拉盒子，导致局面不受控制？例如，嘉庆初期的改革是否导致了地方精英得以参与到公共事务中？他们带来了一个持续的开明政治局面吗？他们是否帮助了汉人民族主义的兴起？

孔诰烽和王文生援引金世杰（Jack Goldstone）的“国家崩溃”概念，以助于从比较历史的视角来理解乾嘉之变。金世杰认为 18 世纪后期，几个欧亚大陆的国家都面临着相似的危机。例如，法国的君主制未能应对这些危机并最终走向崩溃，而清朝成功地战胜了这些危机并维持了统治。② 想要维持统治，嘉庆帝需要开启王文生所称的，从乾隆后期开始的“实际性退却”（pragmatic retreat）。在前现代的科技水平下，受限于财政支出的规模，许多方面无法实现国家治理，因此需要保持国家管理与社会管理之间的平衡。孔诰烽认为，嘉庆改革只是促成了清政府数十年的有效治理，他将这一阶段称为

---

① 关于最后一点，参见 R. Kent Guy, *Qing Governors and Their Provinces*, p. 142. 关于包世臣对废除军机处的看法，参见本书第二章。

② Jack A. Goldstone, *Revolution and Rebellion in the Early Modern World* (Berkeley: University of California Press, 1991), pp. 4 – 5.

“政权崩溃的延迟”时期。[①] 孔诰烽引用嘉庆帝文章中的“守成”概念，赞扬清朝在嘉庆时期再次进入了“政治的可持续发展”时代。

包世臣与士大夫的经世革命

我希望通过细致的研究一位合适的观察者——包世臣，来探究 19 世纪早期中国危机的复杂性。包世臣是嘉道时期积极改革的一员，表 0-1 中所列的人包括洪亮吉、龚自珍、魏源、陶澍、贺长龄，这些人比包世臣更著名，但都已有充分的研究。[②] 然而，我认为在很多方面包世臣都是这个时代的政策“专家”，他虽然不为人熟知，却对当时的政策制定者和执行者都有深刻的影响。[③]

正如我们所知，包世臣几乎没有做官的经历，只是在其晚年很短时间任过知县，并且主要是出于对其声誉的表彰。他在青年时主要是作为幕僚，在镇压白莲教起义的前线服务。但在这之后，他的幕僚角色变得不正式，经常只是临时性的充任，偶尔为他人或自己感兴趣的特殊问题进行研究。事实上，他的

---

① Ho-feng Hong, “Cultural Legitimacy, Capital Appeal, and Delayed State Breakdown in Qing China, 1805-1839,”未刊稿，经作者允许引用。

② 相关研究非常多，可以参见刘广京《魏源之哲学与经世思想》；孙广德《龚自珍的经世思想》；Judith Whitbeck, “From K'ao-cheng to Ching-shih: Kung Tzu-chen and the Redirections of Literati Commitment in Early Nineteenth Century China”；周启荣《从“狂言”到“微言”：论龚自珍的经世思想与经今文学》；魏秀梅《贺长龄的经世思想》，以上全部收入《近代中国经世思想研讨会论文集》，中研院近代史研究所，1984；段超《陶澍与嘉道经世思想研究》，中国社会科学出版社，2001。

③ 郑大华也有类似的观点，参见氏著《包世臣与嘉道年间的学风转变》，《安徽史学》2006 年第 4 期。

表 0－1　嘉道时期部分改革官员和学者（1796～1850）

区域	姓名	籍贯	年龄（1820 年时）
长江下游	洪亮吉	江苏常州	—
	阮元	江苏扬州	56
	李兆洛	江苏扬州	51
	方东树	安徽桐城	48
	包世臣	安徽泾县	45
	刘逢禄	江苏常州	44
	王凤生	浙江钱塘	44
	龚自珍	浙江杭州	28
湖南	严如熤	溆浦	61
	唐鉴	善化	44
	陶澍	安化	41
	贺长龄	善化	35
	魏源	邵阳	26
	曾国藩	湘乡	9
	胡林翼	益阳	8
其他地区	蒋攸铦	辽阳（汉军八旗）	54
	林则徐	福建侯官	35

角色在 19 世纪早期是全新的：一个公认的“专家”，同时也是在广泛而明确领域的咨询家。①

包世臣并非出生于官宦或大地主的家庭，他宣称自己的收入主要来源于写作，但他在生前并未出版很多作品，他的早期作品《说储》直到死后半个世纪才得以刊印。1825 年，他刊

① 在 19 世纪早期的西方，似乎同样也出现了“专家”这一群体。尽管“专家”一词在英语和法语中都有很长的历史，但第一次将这个词用于指代拥有专业知识的个人是在 1825 年的剑桥词典中。www. oed. com. proxy1. library. jhu. edu.

印了一本关于政治、经济的论文集《中衢一勺》。[1] 这是在魏源和贺长龄编辑的畅销书《皇朝经世文编》刊行前一年。《皇朝经世文编》这套书也收入了包世臣的作品，但所占篇幅很小。在包世臣 70 岁的时候，即 1844 年，《中衢一勺》收入《安吴四种》重新刊行。该文集广受好评，并在七年后再次修订出版。[2] 但似乎可以清楚地看出，包世臣的收入来源中，通过文章写作获得的收入远低于书法创作的收入。他非常重要的《艺舟双楫》一书 1851 年以后才得以刊行，而他的书法集《小倦游阁草书》早在 1833 年就已经刊行。[3] 几乎可以肯定的是，包世臣所说的以售卖作品为生，并非指刊行自己的政治、学术著作，而是为他人创作书法作品。[4] 然而在包世臣生前，其书法作品的影响力远没有他与国家权臣之间的关系那样重要。包世臣是一位精力充沛的通信者，他的作品集以信件的形式呈现。不仅有跟魏源等其他幕友的通信，甚至有给中央和省级高官的信件，通常是对很多政策或问题主动地提供建议，这些建议也经常得到官员的感谢。正如亚瑟·威利（Arthur Waley）指出的那样："（包世臣）当时被视为处理政务的权威。"[5] 这些信件经常被朝廷的官员传阅。[6] 对于包世臣来说，想要表达意见，私人面谈可能是比文字交流更重要的方式。

---

① 胡朴安：《包慎伯先生年谱》，《包世臣全集》，李星、刘长桂点校，黄山书社，1991，第 231 页。

② 胡朴安：《包慎伯先生年谱》，《包世臣全集》，第 239 ~ 240 页。

③ WorldCat.

④ 在一封 1846 年致太常寺卿许乃济的书信中，包世臣表现出了这一点。参见《包世臣全集》，1997，第 237 ~ 239 页。

⑤ Arthur Waley, *The Opium War through Chinese Eyes* (Stanford: Stanford University Press, 1958), p. 137.

⑥ 胡朴安：《包慎伯先生年谱》，《包世臣全集》，第 224 页。

在嘉道两朝的半个世纪，包世臣从未在一个地方停留太久。他在江南的主要文化中心苏州、扬州、南京、常州活动，有时会购买房屋，有时则租用一两年的住所，但更常见的是客居在友人家里。曼素恩敏锐地描写了“包叔叔”与常州张氏之间的友好关系，张家是包世臣的寄居地之一。[①] 为了科举考试，他也多次前往北京。讽刺的是，尽管包世臣从未中过科举，却经常得到内阁大学士和其他高级官员的邀请，或者直接登门拜访，寻求包世臣的政策建议。[②] 1826 年，他在广州短暂任职于粤海关，并与阮元创办的学海堂里的学者有密切的接触。1830 年代末至 1840 年代初在南昌时，他短暂担任江西新喻县（今新余）知县。1839 年 2 月，林则徐以钦差大臣的身份前往广州，在途经南昌时拜访了包世臣，并向他询问禁烟之策。1841 年 5 月，林则徐在广州被免职后，返程途中再次拜访了包世臣。也有其他参与鸦片战争的将军和牵涉其中的官员拜访过包世臣。[③]《清史稿·包世臣传》记载：“东南大吏，每遇兵、荒、河、漕、盐诸巨政，无不屈节咨询，世臣亦慷慨言之。”[④]

也许是因为包世臣在幕后表现得过于谨慎，研究清史的学者长期未能注意到他的重要性。在晚清思想史的开创性研究方

---

① Susan Mann, *The Talented Women of the Zhang Family* (Berkeley: University of California Press, 2007), passim.

② 胡朴安：《包慎伯先生年谱》，《包世臣全集》，第 720 ~ 721、731 ~ 732 页。

③ Arthur Waley, *The Opium War through Chinese Eyes*, pp. 16 - 17, 137 - 138, 153. “果勇侯佩参赞大臣印弛赴广东督办鸦片事，取道豫章，雇先生寓，询一切机宜。时两耳稍聋，先生作笔谈答之。”果勇侯系指清朝将领杨芳，1840 年作为参赞赴广东。胡朴安：《包慎伯先生年谱》，《包世臣全集》，第 237 页。

④ 赵尔巽等撰《清史稿·列传》卷 486，明文书局，1983，第 13217 页。

面，梁启超在《清代学术概论》中花了很多笔墨描述与包世臣同时代的魏源等年轻士人，却根本没有提及包世臣。萧公权1945 年出版的经典著作《中国政治思想史》也忽略了包世臣。同样是在 1945 年，恒慕义（Arthur Hummel）出版的《清代名人传略》（*Eminent Chinese of the Ch'ing Period*）则将包世臣收录其中。但据笔者所见，第一篇关于包世臣思想和生平的长篇研究，是日本汉学家大谷敏夫在 1969 年发表的重要论文。[①] 在中文方面，最早的研究者是华裔学者刘广京，他于 1980 年发表了关于包世臣和魏源的研究成果。[②] 此后，中外学界越来越多地关注包世臣。但除了笔者的研究，没有学者用英文或其他西方语言专门研究包世臣。值得注意的是，尽管大多数学者或多或少承认包世臣在晚清思想上和政治上的影响力，但仍没有一部研究他的专著。

以往的学术研究已经从多方面考察了包世臣的重要性。改革开放以前，教科书和其他研究性成果都将包世臣定义为"地主阶级"改革派的代表，通常将他对统治危机的认识视为"地主阶级"对危机的反应。[③] 著名的思想文化史学者冯天瑜将包世臣视为富有批判精神的士大夫，包世臣对重赋和皇帝专

---

① 大谷敏夫「包世臣の実学思想について〔付略年譜〕」『東洋史研究』28（3）、1969、162～195 頁。

② 刘广京：《19 世纪初叶中国知识分子：包世臣与魏源》，《中央研究院国际汉学会议论文集》，中研院历史与考古组，1980，第 995～1030 页。

③ 相关教科书或专著，参见赵靖、易梦虹《中国近代经济思想史》，中华书局，1980，第 61～79 页；胡寄窗《中国经济思想史》，上海财经大学出版社，1998，第 584～590 页。对包世臣的活动进行评议的文章发表在安徽本地的杂志上，如陈文誉《爱国忧民、力倡改革的包世臣》，《安徽史学》1994 年第 1 期；郑大华《包世臣与嘉道年间的学风转变》，《安徽史学》2006 年第 4 期。

制问题提出抱怨，并希望能够扩大地方士绅的权力。包世臣指出在变革的时代需要恢复旧秩序，冯天瑜认为包世臣参与的是“封建阶级的自救”。[1]

将包世臣定义为农业精英，则是倾向于将他的思想与发展经济作物和增加农村人口两种主张联系起来。几乎所有的学者都认为包世臣是以农为本，但大多数学者都承认他在呼吁“劝农”时也提倡“恤商”。[2] 许多研究注意到了包世臣反复提倡的“本末皆富”，“本”即农业，特别是粮食种植业，但“末”是什么？在包世臣自己的一些阐述中，清楚地将之等同于货币、财富，但学者对这是否包括商业和手工业有不同的意见。如经济史学者胡寄窗认为，尽管包世臣在提到农业商品化时表现出乐观和支持，但他的经济策略倾向于排除粮食之外的经济作物。此外，包世臣是最早意识到商人作为一个独立阶级出现的思想家，并寻求在漕政和盐政改革中更好地利用他们。在这样做的时候，包世臣希望政府能够在 19 世纪后半期更多地依赖商人的力量。[3]

关于农村日益贫困的问题，大谷敏夫在多年前就指出，包世臣一直致力于提高农民生活水平，并将农民当作社会和政治的救星，对他们充满信心。刘广京和一些中国史学者产生了争论，包世臣是不是一个民粹主义者，是否同情农民，并希望能够降低税收和田租？他是否如冯天瑜声称的那样，对阶级之间冲突的增加非常敏感？或如胡寄窗所言，他几乎

① 冯天瑜：《道光咸丰年间的经世实学》，《历史研究》1987 年第 4 期。

② 因为这一原因，赵靖、易梦虹的《中国近代经济思想史》将包世臣归为“近代”地主阶级。

③ 胡寄窗：《中国经济思想史》，第 587 页。

无视阶级矛盾?[①] 作为地主阶级的一员，他是否对民变带有敌意，或者他是否同情农民的情况，即使他希望的是和平与稳定？几乎所有的学者都赞同，包世臣没有反对当时存在的土地所有制以及广泛存在的租佃制和农业雇佣，但他在多大程度上支持食物和其他产品的公平再分配呢？

很多学者注意到包世臣经常关注国家财政的稳定。他关注国计民生，并且坚持认为二者并不矛盾。他坦承自己主张“逐利”，这也是他最引人注目和不同寻常的主题，并将之同时运用于民众和国家。[②] 包世臣敢于承认他是为了国家追求富强，并向那些批评者解释，这一目标并不会和“王道”冲突，这反而是追求“王道”的必要条件。[③] 这样，包世臣为后来提倡“自强”的洋务派奠定了基础，他们将“财富和权力”作为公开的政治目标。[④]

同时，包世臣极力反对过度官僚化，认为这是浪费社会和国家的资源。[⑤] 如上所述，他倾向于将国家权力用商业化的手段来实行管理，类似于“市场化”的国家管理。[⑥] 这是否表明包世臣是中国较早致力于自由市场、不干预经济的自由主义者？这一观点隐含在许多学术研究中，最充分阐述的是曾在哈

① 刘广京：《19 世纪初叶中国知识分子：包世臣与魏源》，《中央研究院国际汉学会议论文集》，第 995 页；胡寄窗：《中国经济思想史》，第 587 页。

② 郑大华：《包世臣与嘉道年间的学风转变》，《安徽史学》2006 年第 4 期，第 134 ~ 135 页；胡寄窗：《中国经济思想史》。

③ 大谷敏夫「包世臣の実学思想について〔付略年譜〕」『東洋史研究』28（3）、1969、168 頁。

④ 刘广京：《经世、自强、新兴企业——中国现代化的开始》，收入《经世思想与新兴企业》，联经出版事业公司，1990。

⑤ 赵靖、易梦虹：《中国近代经济思想史》，第 62 ~ 63 页。

⑥ 郑大华：《包世臣与嘉道年间的学风转变》，《安徽史学》2006 年第 4 期。

佛大学接受学术训练的台湾学者林满红。在林满红 1991 年以后的系列论文以及 2006 年出版的重要著作中，她认为随着商业价值、自由贸易和不干预政策的提出，中国的经济学派在 19 世纪初期就已经出现，这和亚当·斯密（Adam Smith）的思想相似，她统称为“经济自由主义”。林满红将包世臣、魏源、龚自珍等视为经世派的代表，并引用盐政、漕政、货币的改革措施，将这些视为学派思想的重要例证。正如本书所述，这些改革包世臣都直接参与其中。[①] 林满红将这些“自由主义者”等同于“现实主义者”（相对于“道德主义者”而言），也就是说，他们相信独立的市场规律是“不为人的意志转移”，国家尝试干涉和违背这些规律会阻碍生产的发展和经济的增长。私人占有对经济的增长有重要的作用，他们支持私有产权［她认为类似于约翰·洛克（John Locke）的观点］以及“私有企业的优越性”。[②]

大多数中国大陆的学者，即使批评包世臣存在地主阶级偏见，以及对阶级剥削的忽视，也会赞扬他的预见性，以及时常表现出的爱国主义。他不仅很早就意识到了来自西方的军事威胁，而且对国家的政治、财政和其他方面也非常关心。正如大

---

① Lin Man-houng, “A Time in Which the Grandsons Beat the Grandfathers: The Rise of Liberal Political-Economic Ideologies in China's Monetary Crisis, 1808 – 1854,” *American-Asian Review* 9.4 (December 1991): 1 – 28, esp. 10 and 13.

② Lin Man-houng, “Two Social Theories Revealed: Statecraft Controversies over China's Monetary Crisis, 1808 – 1854,” *Late Imperial China* 12.2 (December 1991): 1 – 35, esp. 14 and 27. 在其后来的《银线》一书中，林满红将“现实主义/道德主义”替换为“适应主义/干预主义”，尽管不能完全消除，但也淡化了与亚当·斯密自由贸易思想的比较。Lin Man-houng, *China Upside Down: Currency, Society, and Ideologies, 1808 – 1856* (Cambridge, MA: Harvard University Asia Center, 2006).

谷敏夫指出的那样，包世臣最早认识到清朝正处于新兴世界经济体中。其他学者评论他的“反帝国主义”时，认为这与他当时的经济和战略考虑有明显的关系。

尽管他深刻、清楚地意识到了嘉道时期中国所面临的多重危机，但如有些学者所看到的那样，包世臣一直保持乐观的态度。和同时代的人一样，他通常坚定地认为中国拥有丰富的资源和数量庞大的人口，可以创造充足的财富。他同样也相信士大夫阶层的能力，相信他们能最终找到创造性的方案，解决国家面临的众多体制问题和现实问题。在刘广京看来，这正是中国主流传统文化的体现。①

包世臣的思想是如此的新颖和“现代”，他在现实问题方面的“创造性”解决方法给刘广京留下了深刻的印象。胡寄窗则强调他的“适应主义”，坚持现有的政治、经济体系。②介于两者之间的是冯天瑜，他将包世臣视为中国政治经济思想史中独特的“过渡”。实际上，根据冯天瑜的观点，包世臣和其他经世思想家都隐约意识到了来自新世界经济体的压力，但他们无法很好地理解这种压力。在方法上，包世臣虽然没有受到西方的影响，但采用了很多新的分析工具，包括他非常沉迷的量化分析，但尚未达到“现代”社会科学的学科标准。无论是实质还是风格，他都属于“前现代”。③

本书的主要任务之一是评估这些针对包世臣的结论和特征

① 刘广京：《19 世纪初叶中国知识分子：包世臣与魏源》，《中央研究院国际汉学会议论文集》，第 995 页；胡寄窗：《中国经济思想史》，第 587 页。

② 胡寄窗：《中国经济思想史》，第 587 页。

③ 冯天瑜：《道光咸丰年间的经世实学》，《历史研究》1984 年第 4 期，第 148 ~ 150 页。

的真实性。我们将把重点放在包世臣政治经济领域方面的著作和活动，同样他也在军事战略、河工和书法方面有着重要的影响。我的主要目的是对 19 世纪早期进行评估，这是帝制晚期的一个转折点，也是拯救帝制衰落的集体努力时期。在这个过程中，我会表明包世臣对追求民众“利”的兴趣，以及追求经济安全和国家权力的努力。他参加了晚清的改革，同时参与了另一个不自觉的进程，即如何将大清塑造成中国。

第一章　包世臣思想渊源

包世臣 1775 年出生于泾县。除了出产精美的宣纸，泾县只是安徽东部的一个普通县。泾县以丘陵低山为主，森林覆盖率高。[①] 与重要的府州县都相隔不远，却也不相邻。泾县位于徽州府以北一百多里，徽州府是清中期商人最多的地方。泾县位于桐城东部，桐城拥有数量众多的高官和著名的桐城派。然而在社会文化方面，泾县与这两个地方似乎并没有联系。更引人注目的是泾县与其他长江中下游大城市的关系，在县城以北形成一个弧形：南京在该县以北百余里，杭州的距离略远，在这中间还坐落着扬州、苏州和新兴的上海。泾县处于腹地，虽不能达到以上城市的水平，但也不能将之称为“一潭死水”。泾县著名人物、同时也是第一本包世臣传记的作者——胡朴安，他发现在包世臣出生的那年，该县有三人考中进士，他们中的两人最终被任命为翰林学士。

包世臣的家庭背景并不突出，研究者通常将他描述成来自“没落的地主 - 士人家庭”，这似乎是客观的描述。“包”姓是

---

① 泾县的宣纸从唐代开始闻名全国，参见《泾县志》，方志出版社，1996，第 215 ~ 216 页。

他出生村庄名的一部分（包村），所以他应该是当地的土著。[①]他得到了适当的教育，但他的家庭远没有达到富裕的程度。在少年时期，有几年他租佃了十亩田地，将出产的东西拿到市场售卖，以照顾年老体衰的父母。这些劳动经历对他的形象和声誉塑造都非常重要。包世臣的父亲包郡学，被描述成一位绿营军官（尽管他明显对军事问题不感兴趣，但尚未被考证）。更可确信的是，他是当地一位私塾老师。可能是为了解释包世臣的思想与“地主阶级”的区别，赵靖、易梦虹认为他的母亲是来自“商业家庭”,[②] 这点尚未得到确证，但也并非不合情理。

道光朝编纂的《泾县志》表明，包姓在泾县精英中所占的比重很小，在数百名获得了科举功名的泾县人中，只有三位姓包。第一位是包幹臣（可能是包世臣的近亲），1788 年考取了举人，并在福建担任过候补知县；第二位是包世臣；最后一位是包世荣，包世臣的侄子，在 1821 年考取了举人。[③] 此外，在方志的人物志中列举了数百名当地名人，但没有姓包的人入选。甚至在 1825 年的方志编纂名录中，虽有数千人，却也没有姓包的人收录其中。[④] 直到包世臣开始他的职业生涯并逐渐成名，才改变了这种状况。

包世臣的童年教育来自他的父亲和乡村私塾，他被寄予通

---

① 在 1996 年的县志中，唯一关于“包氏”的记载是 11 世纪的包拯，但没有直接证据能证明包拯与包世臣家族的关系。参见《泾县志》，第 900 页。

② 赵靖、易梦虹:《中国近代经济思想史》，第 62 页。

③ 包世荣和包世臣一样，出生于贫穷家庭。他的教育真正开始于包世臣将他带到扬州后，他在 42 岁时英年早逝。参见《泾县志》，第 928 页。

④ 《泾县志》（1825）。在 1996 年版县志中，包氏家族在数百人的名单中几乎完全缺失。

过科举考试的厚望，然后进入仕途。[①] 5~8 岁时，他学习了科举考试的核心课程“四书”。据说他最喜欢《孟子》，却因为经典中描述的社会模式、政治秩序无法有效地解决现实问题感到困惑。8 岁时，他跟随父亲前往南京，在那里开始接受八股文的训练，八股文是清代科举考试的固定格式。1790 年，15 岁的他通过了生员考试。八年后，他进入芜湖的中江书院学习，时任书院院长为程世淳。直到 1808 年，他才考中举人，那时他已经 33 岁。尽管参加了超过 12 次会试，他最终未能考取进士。

这很难说是因为没有天赋导致其名落孙山，但这也使得包世臣的兴趣更加广泛。他在 18 岁时曾短暂地停止科举课程的学习，部分是因为经济原因，更多的是源于对形式主义考试制度的失望。1801 年的作品《说储》，是他加入同龄的士人（包括龚自珍）提倡废除理想化和缺乏实用的八股文而写的。[②] 包世臣年轻时候喜欢诗词，他父亲教他背诵了南朝的《文选》。他一直是位活跃的诗人。[③] 直到 20 多岁时，他开始对书法产生了兴趣，书法使他成了一位受人尊敬的书法家和权威的历史

---

① 包世臣：《安吴四种·序言》，《包世臣全集》，李星点校，黄山书社，1993，第 1~3 页；胡朴安：《包慎伯先生年谱》，《包世臣全集》；《泾县志》，第 927 页。

② David S. Nivison, “Ho-shen and His Accusers: Ideology and Political Behavior in the Eighteenth Century,” in David S. Nivison and Arthur S. Wright, eds., *Confucianism in Action*, pp. 198 - 200；孙广德：《龚自珍的经世思想》，《近代中国经世思想研讨会论文集》。

③ 包世臣收集的四卷《安吴四种》（1844），最初是由八卷的《管情三义》组成，三种《文选》诗歌的形式：赋、诗、策。参见包世臣《安吴四种·序言》，《包世臣全集》；Arthur Hummel, ed., *Eminent Chinese of the Ch'ing Period*, p. 856.

学者。包世臣和同时代人的书法风格很难不受政治的影响，他倾向于大胆、无畏的北魏风格，作为一种政治宣言来表达对增强国力的追求。①

根据包世臣后来的记述，到 12 岁的时候，他的学术兴趣就从考试课程和审美追求转变为“实用之学”：经世史学、方略制定和军事策略。② 在 15 岁的时候，由于目睹当地军队调赴台湾镇压林文爽起义，他开始研究《孙子兵法》，并熟读《春秋》《荀子》《史记》《战国策》，主要关注书中关于战争的记载。

依靠这些学习，包世臣在 1793 年（18 岁）时写出了首部著作——《两渊》，用 16 章的篇幅分析了统领军队的基本要领。③ 在该书中，他认为掌握军事技艺是“生而习之，明为男子所有事”，当时任何自称为士大夫的人都不能缺少军事教育。这本书的标题较为深奥，“渊”代表“深刻”或“广博”，包世臣在开篇时声称这代表了一种基本的个人品质，包括“性明”和“气静”。但“渊”也可以代表野生动物的避难所，因此上卷命名为“雄渊”，下卷命名为“雌渊”。雌雄代表的是内外，这两部分分别反映了内在的指挥品质和外在的军事策略。

---

① 胡朴安：《包慎伯先生年谱》，《包世臣全集》，第 217 页；Hua Rende, "The History and Revival of Northern Wei Stele-Style Calligraphy," in Cary Y. Liu et al., eds., *Character and Context in Chinese Calligraphy* (Princeton: Princeton University Art Museum, 1999); Yuehping Yen, *Calligraphy and Power in Contemporary Chinese Society* (London: Routledge, 2005), pp. 88 - 89; Susan Mann, *The Talented Women of the Zhang Family*, pp. 51 - 54.

② 郑大华：《包世臣与嘉道年间的学风转变》，《安徽史学》2006 年第 4 期。

③ 包世臣似乎没有在一开始就刊印此书，但收入 1844 年刊印的《安吴四种》。此书亦收入《包世臣全集》，李星点校，黄山书社，1997。

对《荀子》的研究，也促使包世臣反思“礼”的社会效用，当时社会比孟子想象得更不稳定。在这方面，他的观点经常会与龚自珍等嘉道时期的改革派思想家相提并论。如大谷敏夫所指出的，包世臣发现荀子的性恶论，导致他的危机感更加强烈。对孟子和他的追随者来说，世界的关键是礼（原则），这与荀子的礼（仪式）颇有不同。大谷敏夫认为，这是包世臣寻求有利于自己的“礼”的重要一步：有益、有效、获利，或者只是“有用”。①

包世臣在给他的后辈杨季子的信中，深刻地总结了他的学术历程。

> 世臣生乾隆中，比及成童，见百为废弛，贿赂公行，吏治污而民气郁，殆将有变；思所以禁暴除乱，于是学兵家。又见民生日蹙，一被水旱，则道殣相望；思所以劝本厚生，于是学农家。又见齐民跬步即蹈非辜，奸民趋死如鹜而常得自全；思所以饬邪禁非，于是学法家。②

早期思想

在《齐民四术》（1844）中，包世臣将其改革主张进行了

---

① 大谷敏夫「包世臣の実学思想について〔付略年譜〕」『東洋史研究』28(3)、1969、168 頁。

② 笔者在包世臣的文集没有找到这封信，但出现在陈维昭的《带血的挽歌：清代文人的心态史》（河北教育出版社，2001，第 199 页）。他还指出，他对汉代至明代的国家法律体系进行了比较研究，并分析了国家法和习惯法之间的关系。包世臣“以知律有名于世”，参见胡朴安《包慎伯先生年谱》，《包世臣全集》，第 229 页。

分类。他将该书的 12 节分为四类：农、礼（包括地方组织、教育等）、刑、兵。由于早年的学术兴趣，他被视为一名军事专家。也许是因为他的《两渊》，包世臣被许多重要官员雇为幕客。1797 年他为安徽巡抚朱珪所用，次年转而为湖北布政使祖之望服务。1799 年夏，明亮被任命为川楚左参赞，聘请包世臣前往四川协助办理军务，这使得包世臣在年轻时就能前往战争前线。①

包世臣的军事思想不属于本书的研究范围，但他这方面的想法是我们随后章节讨论其政治思想和经济思想的前提。在《两渊》的第二章中，包世臣认为治理兵务的基础是了解农民（明农），包括“爱民”和“重地”。换句话说，了解当地的农业经济，不轻用“民力”，不轻取“民财”，不仅可以获得农民支持，而且军队也能得到充足的粮草供应。②

在历次关于白莲教起义的奏报中，包世臣都非常强调赢取民心的重要性，也就是他所谓的“近人情”。具体来说，他关心地方军事化。当朱珪想在安徽训练民兵，以应对来自邻近的湖北、河南潜在的威胁时，包世臣告诫朱珪，招募的兵丁都要有能力和个性，这意味着要提供较高的军饷，反过来又需要地方精英筹措军费。在湖北，包世臣发现问题不是军丁太少，而是过多，民团已经恶化为叛军，劫掠当地百姓，这又使得普通百姓转而对抗国家。③ 他建议利用武昌繁荣的铁器业，生产农

① 胡朴安：《包慎伯先生年谱》，《包世臣全集》，第 206 ~ 214 页。

② 《包世臣全集》，1997，第 427 页。

③ 关于该地区民兵的问题，参见 Yingcong Dai，“Civilians Go into Battle：Hired Militias in the White Lotus Wars，1795 – 1805，” *Asia Major*，3rd ser.，22.2（December 2009）.

具，另外向汉口的盐商征税，为过剩的民兵提供工具和启动资金，这样可以让他们复员。

1801 年，从前线返回江南后，包世臣写下了他对“叛乱”的看法，他认为这是当时国家面临的最大威胁。地方军事化再次成为他担忧的主要问题。他认为战乱地区的居民多年来一直受到腐败官员的剥削，尽管嘉庆帝宣布招抚，但也很难恢复和平。在湖北、河南、四川、陕西和甘肃五省约有 40 万民众被武装起来，由于没有及时发放军饷，他们处于失控状态。最糟糕的是，有三四万从该地区招募的民兵，他们在和平时期就是“草莽英雄”。约有 70% 的人已经复员，① 但大部分仅是回到了战前的草莽状态，尚未复员的则完全不受长官的制约。包世臣提出了一个十分详细且让他们职业生涯有更多选择的提议，即依靠政府垄断的盐业收入将所有的兵丁改为“屯田”。②

常州与传统学术

鉴于包世臣年轻时的知识体系中经学占据重要的地位，似乎有必要探讨经学教育在包世臣学术发展中的作用。答案是并没有很大。在年轻时，包世臣研究了《诗经》和《礼记》，但据笔者所知，他没有为经典著作做注，正如刘广京所指出的，包世臣“从未被称为经学家”。③

这并非新结论。1790 年代中期，包世臣遇到了后来在徽州府歙县教书的张琦，两人分享了各自对北魏书法的热爱，并

① “迄今罢者十七，未罢者十三。”——译者注

② 《包世臣全集》，1991，第 182 ~ 184 页。

③ 刘广京：《19 世纪初叶中国知识分子：包世臣与魏源》，《中央研究院国际汉学会议论文集》，第 996 页。

成了终生挚友。虽然张琦来自江苏武进，但他属于常州学派的一员，他向包世臣介绍了常州学派的领军人物及他们的主要思想。1802 年，从白莲教起义前线返回后，包世臣在常州的李兆洛家里客居了七个月。李兆洛浏览了包世臣刚刚完成的手稿《说储》（参见本书第二章），并对《说储》进行了缮写，删去了很多赘述。包世臣还遇到了许多其他常州名人，并就广泛的话题进行了讨论，主要交流的是他们都非常感兴趣的书法。①

大多数学者都认为，嘉道时期中国士大夫的学术关注点发生了划时代的转变。在 18 世纪大部分时间里，音韵学、文献学的考据是学术的主体，但随后被"实学"和"经世"取代。冯天瑜将整个复杂的情况描绘成"近代早期"中国的文化形态，并视为通往近代新学的"桥梁"。② 但这些士人群体在学术上和实际政策中，因为探索向实学和经世的转变而产生了分歧，但又为了经世的政策而团结在一起。通常有两派被视为较有影响力，分别是桐城派和常州派。

桐城派在盛清时期出过几位大学士，包括张廷玉和方苞，19 世纪早期的代表人物是姚鼐、包世臣和方东树。清代桐城派的特点是坚持孔子正统，学习朱熹和其他理学家的思想，并为当时社会提供具有可行性的治理模式。桐城派被认为是继承

---

① 胡朴安：《包慎伯先生年谱》，《包世臣全集》，第 217 页；徐立望：《时移势变：论包世臣与常州士人的交往及经世思想的嬗变》，《安徽史学》2005 年第 5 期；施立业：《包世臣〈说储〉初探》，《安徽大学学报》1997 年第 6 期。关于张琦，参见 Arthur Hummel, ed. , *Eminent Chinese of the Ch'ing Period*, pp. 25 – 26.

② 冯天瑜：《道光咸丰年间的经世实学》，《历史研究》1987 年第 4 期，第 148 ~ 150 页。同时可参见 Susan Mann Jones and Philip A. Kuhn, "Dynastic Decline and the Roots of Rebellion," in John K. Fairbank, ed. , *Cambridge History of China*, Vol. 10, *Late Ch'ing, 1800 – 1911*, part 1.

了“宋学”的传统。他们讽刺其他学者对五经的注解是迂腐的文人游戏，将之称为“汉学”。1824年，方东树刊刻了他的《汉学商兑》，该书系统地驳斥了“汉学”派对经典的研究成果。桐城派也积极支持“古文”，这种文体在周代占主导，成熟于东汉。这意味着他们接受了《左传》将孔子描绘为“述而不作”的形象，并将《左传》视为《春秋》的权威解释。桐城派将程朱的道德和礼仪特色相结合，寻求对社会、经济和政治问题的务实性解决方案。桐城派的思想后来传播到湘江流域，特别是长沙的学术群体中，长沙是胡林翼、曾国藩等几代湖南学者活跃的地方。①

除了桐城派，通常认为包世臣在1820年得到了庄存与的指导。在19世纪，常州派比桐城派更晚脱离文献考证的“汉学”，但他们从一开始就认为“宋学”是过时的，认为“宋学”没有超越对经典的解释。庄存与的学术贡献是考证了作为传统经典的西汉“今文经学”的真实性，今文经学家主张以今文记录的《公羊传》作为春秋的经典解释，而不是桐城派和清后期主流思想所推崇的《左传》。庄存与认为《左传》是刘歆为汉代篡位者伪造的，这是消极接受国家权威的一种讽刺写法。常州派通过《公羊传》重建的孔子形象，不再将孔子描绘为一位编纂家和知识的传播者，而是一位东周的政治改革家——素王。如本杰明·艾尔曼（Benjamin Elman）指出

① Hellmut Wilhelm, "The Background of Tseng Kuo-fan's Ideology," *Asiatisch Studien* 3 - 4 (1949): 90 - 100; Daniel McMahon, "Dynastic Decline, Heshen, and the Ideology of the Xianyu Reform",《清华学报》（新竹），2008年第2期；William T. Rowe, *Saving the World: Chen Hongmou and Elite Consciousness in Eighteenth-Century China* (Stanford: Stanford University Press, 2001), pp. 123 - 124.

的，这些知识分子的行动最开始就已经是政治性运动。这起源于庄存与和其他改革者对1870年代和珅擅权的不满，这包括常州本地士人、翰林学士以及1799年公开提出反对的洪亮吉。① 清末，今文经学也被康有为等维新派所继承和利用。

19世纪早期，常州学派分裂为两个分支：刘逢禄代表的“公羊派”和李兆洛（包世臣曾客居于他家）代表的“阳湖派”。② 刘逢禄和李兆洛实际上是亲密的朋友，被并称为“常州二申”。③ 他们都致力于改革和士人参与政治。他们改革的知识基础虽然有很多相同之处，但也有些差异。刘逢禄是庄存与的外孙，他致力于揭示《公羊传》中所隐含的政治主张。魏源和龚自珍都曾跟随刘逢禄学习，他们相信历史是在变化之中的，因此如果需要的话，制度可以发生变革。④ 魏源根据刘逢禄的传授，进一步提出人类历史的循环模型，并将他所处的时代描述为“末世”，要求进行划时代的变革。⑤

李兆洛比刘逢禄更重视理论研究，是一位优秀的常州派文

---

① Benjamin A. Elman, *Classicism, Politics, and Kinship: The Ch'ang-chou School of New Text Confucianism in Late Imperial China* (Berkeley: University of California Press, 1990), p. xxii.

② 郑大华：《包世臣与嘉道年间的学风转变》，《安徽史学》2006年第4期；大谷敏夫「包世臣の実学思想について〔付略年譜〕」『東洋史研究』28(3)、1969、164頁。李兆洛和刘逢禄的个人情况参见 Arthur Hummel, ed., *Eminent Chinese of the Ch'ing Period*, pp. 448 - 450, 518 - 520.

③ 刘逢禄字申甫，李兆洛字申耆。——译者注

④ 孙广德：《龚自珍的经世思想》，《近代中国经世思想研讨会论文集》，第276页。

⑤ Susan Mann Jones and Philip A. Kuhn, "Dynastic Decline and the Roots of Rebellion," in John K. Fairbank, ed., *Cambridge History of China*, Vol. 10, *Late Ch'ing, 1800 - 1911*, part 1, p. 153; Jane Kate Leonard, *Wei Yuan and China's Rediscovery of Maritime World* (Cambridge, MA: Harvard University, Council on East Asian Studies, 1984), pp. 13 - 17.

人。他厌倦了古文和宋学，并攻击研究这些的桐城派名人姚鼐。他曾帮助编辑常州派开创者庄存与的全集，这意味着他熟悉今文经学和公羊派提出的激进解释。但他的兴趣明显在常州派其他的“实用”课程：算学、自然科学、史地。李兆洛在早期编写了一本历史地图集和一本地名词典，以便于读者阅读司马光的《资治通鉴》。晚年时，他根据曾在西方船只上工作并访问过西方国家水手的访谈，编写了两本“海国”的地理书。① 包世臣曾见过刘逢禄，并在一首诗中赞扬刘逢禄公羊学研究的魅力。② 除了刘逢禄的今文经学研究，在客居常州的七个月中，李兆洛的“史地学”和“阳湖学”也给包世臣留下了深刻的印象。③

我相信在这种背景下，比较常州派最有影响力的两位学者——包世臣和魏源，以及他们的赞助者陶澍是非常有益的。陶澍最初担任江苏巡抚，后擢升为两江总督，在江苏的任期加起来长达 15 年（1825 ~ 1839）。在此期间，他经常就漕运改革、盐政改革、地区河道工程以及其他问题咨询包世臣和魏源。陶澍是湖南安化人，受桐城派的影响很大，遵循宋学的道德论和礼仪制度，但又注重经世“实学”。因此，正如陶澍传

---

① 大谷敏夫「包世臣の実学思想について〔付略年譜〕」『東洋史研究』28 (3)、1969、164 頁；Arthur Hummel, ed., *Eminent Chinese of the Ch'ing Period*, pp. 448 - 450; Benjamin A. Elman, *Classicism, Politics, and Kinship*, pp. 95, 119 - 120, 294 - 295.

② 刘广京：《19 世纪初叶中国知识分子：包世臣与魏源》，《中央研究院国际汉学会议论文集》，第 1003 页。

③ 包世臣的大儿子包诚也是跟随阳湖派学习，但主要是跟随医学权威张宛陵学习。包诚曾在当地官府简短任职，后成为名医，他的医书有《十剂表本草纲目别名录》（中医古籍出版社，1982）。参见《泾县志》，第 928 ~ 929 页。

记载，虽然他对公羊派魏源的远见卓识和创新印象深刻，但他发现更有用的是包世臣经过详细调查提出的务实政策建议和改革计划。包世臣的观点更接近陶澍的信念，改革是实际的且必须适应现实。事实上，更多的是连续性的改革，而不是巨变性的革命。因此，改革家必须预测其可行性和适用性，不能仅是引经据典来验证其合理性。①

尽管包世臣很少带个人感情批评那些他看不上的作品，但他的批评是直接的。他反对空疏、迂腐的汉学，批评音韵学和考据学是“以剽字为学，剿声为文”。② 他否定那些我们称之为“小儒”“陋儒”的人以及那些纸上谈兵的人。

包世臣被定义为嘉道时期经世派的代表人物，并且确实是这样。但他自己很少使用“经世”这个词，大多数时候使用的是致用或者有用（学术上称为实用）。这同时适用于他的学术研究和方法论。他反对将“道”抽象化，批评无聊的文学技巧，他认为文章的唯一作用是描述和分析“人事”，即道附于事。③ 他反复提及，士人关注的问题应该是“国计民生”，这些也是他的作品一贯的主题。受李兆洛的影响，包世臣认为理解“人事”最有效的方式，是学习历史、地理以及个人的细致调查。

---

① 段超：《陶澍与嘉道经世思想研究》，第 122 页。同样参见 Arthur Hummel, ed., *Eminent Chinese of the Ch'ing Period*, pp. 710 – 711。林满红认为，桐城学派的思想是国家干涉主义；常州派的观点是“调和主义”，即国家尊重市场和社会现实，减少干预。参见 Lin Man-houng, *China Upside Down*, pp. 250 – 252。如上所述，笔者的观点与她的研究相差甚远。

② 郑大华：《包世臣与嘉道年间的学风转变》，《安徽史学》2006 年第 4 期。

③ 包世臣：《与杨季子论文书》，转引自郑大华《包世臣与嘉道年间的学风转变》，《安徽史学》2006 年第 4 期。

包世臣在一定程度上赞同公羊派的历史相对主义。[①] 不过，他发现了对过去进行研究的重要性。由于“古今一辙”，也就是人类的行为符合历史的规律，因此通过历史推演是有效的。虽然他读了很多战国时期和清朝早期的文章，但他对古代和当代的相关性保持谨慎的态度，反而认为汉唐历史更值得认真了解。[②] 1801 年，在芜湖中江学院的学习期间或刚结束不久，包世臣被当地知府姚凤年雇为塾师。和他的父亲一样，包世臣以宋代的《资治通鉴》作为主要教材，这本书也是李兆洛非常喜欢的。正是这份工作的收入，包世臣得以继续撰写他的激进改革文章《说储》。[③] 和其他改革派士大夫一样，包世臣也特别重视清朝历史的研究。

历史研究的必要补充是调查，这可以全面地了解实际情况。为了了解地理条件如何影响水利工程和市场组织的运作，包世臣经常进行长期的实地调查。他的政策建议经常因为对实际情况了解之深刻而令人惊叹（包括他的上司）。这不仅包括地理因素，而且包括当地民众的态度。当他的上级问他如何镇压白莲教起义时，他回答的仅是“近人情”。[④] 基于他对农村的文化和生活方式的调查，他写了一篇《乡人礼》，但“再三改窜，卒不敢定其本”，最终没有刊行。[⑤]

---

① 参见徐立望《时移势变：论包世臣与常州士人的交往及经世思想的嬗变》，《安徽史学》2005 年第 5 期。

② 包世臣：《说储上篇前序》，转引自施立业《包世臣〈说储〉初探》，《安徽大学学报》1997 年第 6 期。[“苟有观我，持此以往，虽三代之盛不可妄期；汉、唐二宗必复见于今日也。”包世臣：《说储上篇 · 序》。——译者注]

③ 胡朴安：《包慎伯先生年谱》，《包世臣全集》，第 215 ~ 216 页。

④ 胡朴安：《包慎伯先生年谱》，《包世臣全集》，第 214 页。

⑤ 包世臣：《安吴四种 · 前言》，《包世臣全集》，第 1 ~ 3 页。

由于这些爱好，包世臣对清前期学者顾炎武的作品有浓厚的兴趣也就不足为奇。顾炎武对“五经”和政治经济的研究，影响了之后的几代学者。顾炎武的地位在道光时期达到鼎盛。在魏源、贺长龄1826年编纂刊行的《皇朝经世文编》中，他是最具代表性的学者，收录了其的一百多篇文章。包世臣对顾炎武的推崇要早于1826年，其一生都受到顾炎武的影响。1792年，包世臣看到了顾炎武的代表作《日知录》。当时他在泾县家中照顾年迈的父亲，他阅读了其中的一两章，但无力购买整个刻本。十年后，在常州李兆洛的家中，李兆洛将整套书借给包世臣，并指出包世臣的主张与顾炎武的相似之处。同时，包世臣阅读了顾炎武的地理学著作《天下郡国利病书》，结果他放弃了之前与这本书内容相似的写作计划。1819年，在他44岁时，作为一名成名学者，他得以购买顾炎武的全集，包括诗歌集《亭林诗文集》在内的刻本。①

晚年时期，包世臣写了一篇文章，总结顾炎武的著作对他生活和思想的影响。他评价顾炎武是过去几个世纪最伟大的士大夫。在他看来，顾炎武作品的广度和深度是无与伦比的。包世臣表示他和顾炎武的特点有些相似。尽管顾炎武来自一个相对富裕的家庭，这允许他在年轻时从事考据的工作，这是包世臣无法经历的；但两人在年轻时大部分时间都在国内旅行，了解各地的风土人情。顾炎武最鼓舞人心的是他的使命感，他认识到个人英雄主义（“英豪”）在面对挑战时的重要性。顾炎武认为，士大夫的责任是“治乱世”和“开太平”。包世臣将

① 包世臣：《安吴四种·前言》；胡朴安：《包慎伯先生年谱》，《包世臣全集》，第207，217，229页。

这一过程称为“经世”和“经国”。正如我们所见，在包世臣的思想中，国家和民族是一个重要的概念。但在其文章中，他赞赏地引用了顾炎武对“国家”和“天下”概念的区分，认为虽然官员的责任是拯救国家，但士人的责任是拯救天下。①顾炎武表示，有必要引古筹今，但他也承认时间性和地域性，甚至是相对主义的事实。成功的政策需要近人情、适应民心，这些也可以通过教化来塑造。也许会遭到普遍的反对，但如顾炎武所呈现的，“治乱世”需要对自己的能力有坚定的信念。②

另一方面，包世臣知识体系的形成也与常州派有关，其中之一是与洪亮吉的紧张关系。洪亮吉比包世臣年长 30 岁，没有证据表明他们曾经见过面。他们有着相似的教育经历和受资助背景，这使得他们在关键政策问题上的分歧更具戏剧性。

1796 年夏天，包世臣当时在芜湖中江学院学习，院长程世淳将他推荐给徽宁道宋熔。次年当地出现了旱灾，宋熔让包世臣祈雨。包世臣照做后，果然天降甘霖。这次活动给人们留下了深刻的印象，宋熔于是将包世臣推荐给安徽巡抚朱珪，并很快得到了朱珪的聘用。朱珪在 1790 年代担任了 8 年的安徽巡抚，在水利工程和镇压秘密会社叛乱方面声名显赫。在很多场合中，他发现这个年轻人的专业知识都很有用。直到后来，包世臣得以在镇压白莲教起义的前线得到清朝将军的聘用。③

朱珪并非普通的宾主，他是北京人，18 岁就考取了进士，

---

① 这句话可以从不同角度理解，有可能是包世臣认为清政府会遭遇无法挽救的威胁。

② 《读亭林遗书》，包世臣：《艺舟双楫》第 1 册，中国书店，1983，第 1 ~ 4 页。

③ 胡朴安：《包慎伯先生年谱》，《包世臣全集》，第 209 页。

同时也是一个政治派别的首领。[①] 他是詹姆斯·波切拉克（James Polachek）所谓的“北派学者”的领袖，这一派在1740年代是反对桐城派的，但在乾隆中后期变为联合士大夫反对和珅。1780年代，朱珪作为皇室的老师，教导了后来的嘉庆帝。当乾隆帝逝世后，1799年嘉庆帝迫使和珅自杀，朱珪从安徽被召回北京。在之后的十年，直到他去世前，朱珪几乎是朝廷里最有权势的汉人大臣。在此期间，他反复邀请包世臣入京，但尚不清楚包世臣为何屡次拒绝。[②]

正如包世臣所展示的，朱珪是一名培养人才（protégés）的大师。詹姆斯·波切拉克认为朱珪是1814年以后北京“宣南诗社”几位成员的老师，包括林则徐和魏源。[③] 但是没人与朱珪关系密切，除了洪亮吉。洪亮吉受到常州学派影响，他和李兆洛都是阳湖人，他的家族曾多次与庄存与家族通婚，还入读庄氏的龙城书院，在那里他学习了改良后的考据学。[④] 但是洪亮吉也是朱珪的追随者，他曾做过朱珪兄长朱筠的幕友，朱筠是乾隆时期编纂四库全书的领袖。其次，作为1790年考中进士的一员，洪亮吉担任过翰林编修，朱珪也愿意花费精力培养他。

但朱珪和洪亮吉的政见逐渐出现分歧。1799年，洪亮吉撰文批评嘉庆帝在清除和珅党派时的怯懦。洪亮吉将信寄给了

---

① 关于朱珪，参见 Arthur Hummel, ed., *Eminent Chinese of the Ch'ing Period*, pp. 185 - 186; James M. Polachek, *The Inner Opium War*, pp. 37 - 38, 294 - 297; Benjamin Elman, *Classicism, Politics, and Kinship*, pp. 283 - 284; Wensheng Wang, *White Lotus Rebels and South China Pirate*.

② 胡朴安：《包慎伯先生年谱》，《包世臣全集》，第218页。

③ James M. Polachek, *The Inner Opium War*, p. 42.

④ Benjamin Elman, *Classicism, Politics, and Kinship*, pp. xxii, 58.

包括朱珪在内的几位高官，希望他们将奏折上呈给嘉庆帝。然而为了保持帝国的运转，朱珪不得不采取更为宽松的处罚措施，并拒绝为洪亮吉呈递奏报。①

对于该问题，面对当时的分歧，包世臣站在了朱珪一方。对于农业如何养活快速增长的人口，洪亮吉、包世臣提出了相反的策略（参见本书第三章）。可见，相似的学术背景和受赞助背景也可能会出现对立的政治立场。

概而言之，包世臣成长于乡村，远离帝国的文化和经济中心江南。他的启蒙教育主要在家乡，包括他的父亲和当地的私塾，不过这种教育是严格的，水平也并不低下。在早期科考成功后，他选择停止考试课程和八股文的学习，转而研究他认为“更有用”的内容。虽在会试中多次落榜，但他仍一直参加科考，似乎是因为这样可以让他和首都保持联系。而且他确实没有因为屡屡落榜而在心理上或职业上受到打击。包世臣拥有很强的个人能力，并在担任幕友时表现优异。他不是在科考时，而是在白莲教起义前线和常州学术中心接受了“更高”的教育，这两种经历都增强了他的观察能力和解决实际问题的信心。本书将研究他的各种政策如何转化为实践，在此之前，我们首先讨论包世臣建构的社会体系，有的人称之为“乌托邦”，一篇关于帝国政治、经济改革的文章，即 1801 年写成的《说储》。

---

① 其他资料参见 Susan Mann Jones, “Hung Liang-chi (1746 - 1809): The Perception and Articulation of Political Problems in Late Eighteenth-Century China,” Ph. D. dissertation, Stanford University, 1971.

第二章　救时之要

1906年，著名的激进主义者、23岁的刘师培在上海出版了包世臣的政论书籍《说储》。这是该手稿首次公开出版，距离写作时间已经过去了一百多年。[①] 刘师培是20世纪早期中国政治史上变色龙一般的人物。他被历史学家视为无政府主义者、儒家民粹主义者、强烈的排外主义者、天赋人权理论的支持者，以及社会契约论的宣传者。在1903年出版的《中国民约精义》一书中，刘师培宣称刚刚翻译引入的卢梭思想是源自中国古代的治国理念。在出版包世臣百年前的稿本前，刘师培已经是一位著名的反清志士，他继承了家乡扬州的极端反满传统。但到1907年，刘师培的立场发生了戏剧性的转变。他转而投靠清朝，鼓吹帝制，在中华民国初年成为帮助袁世凯复辟帝制的急先锋。[②]

刘师培和章炳麟等人一起领导了"国粹运动"，这项运动

---

① 包世臣：《包慎伯说储》，国学保存会，1906。

② Hao Chang, *Chinese Intellectuals in Crisis: Search for Order and Meaning, 1900 – 1911* (Berkeley: University of California Press, 1987), chap. 5; Peter Zarrow, "Anti Despotism and 'Rights Talk': The Intellectual Origins of Modern Human Rights Thinking in the Late Qing," *Modern China* 34.2 (April 2008): esp. 189 – 191.

得到了充足的经费支持，旨在拯救几个世纪以来先是被满人统治者镇压，后来又被西方入侵者腐蚀的真正汉人遗产。在刻意模仿了 18 世纪德国的民族运动（*Volksgeist*）和后来日本的国学运动后，刘师培等人试图通过解放被压抑的文学和审美传统来恢复中国的“国魂”。作为运动的一部分，他们出版了《国魂学报》《国魂丛书》等一系列国学书籍，以便找回因清廷禁毁或其他原因遗失的书稿。该丛书包括记载 17 世纪清朝统一江南时对扬州等地实施暴行的书籍，以及反对清朝统治的王夫之作品，还有像黄宗羲这样在政治上直言不讳的明朝忠臣的论著。在刘师培等人看来，这些论著是汉人的“国粹”。《国魂丛书》一共出版了多个系列，刘师培在第一个系列就将包世臣的著作刊行了。[①]

当清末民初的人们第一次读到包世臣的论著时，很可能以为包世臣是书法家。实际上，康有为在 1893 年刊行的《广艺舟双楫》中就认为，包世臣的《艺舟双楫》已经体现出他是一位比自己更伟大的改革家。在反对鸦片流入方面以及第一次鸦片战争中，包世臣被描述为狂热的反帝爱国主义者。

但为什么包世臣这份年轻时的特殊作品，完全没有涉及书法或对外关系问题，却被收入《国魂丛书》之中？在跋中，刘师培称包世臣具有远见卓识，在政治停滞不前、恪遵祖制的

---

① Lawrence A. Schneider, "National Essence and the New Intelligentsia," in *The Limits of Change: Essays on Conservative Alternatives in Republican China*, ed. Charlotte Furth (Cambridge, MA: Harvard University Press, 1976), pp. 90－112; Martin Bernal, "LiuShih-p'ei and National Essence," in Furth, *Limits of Change*, pp. 57－87; Shimada Kenji, *Pioneer of the Chinese Revolution: Zhang Binglin and Confucianism*, trans. Joshua A. Fogel (Stanford: Stanford University Press, 1990).

嘉道时期设计出了一种“强国富民”的方案。该方案预见了1898年康有为领导的戊戌变法以及20世纪初更为持久的清末新政所采取的改革方案。刘师培还认为《说储》一书“颇与泰西宪政之制相合”。[①] 这可能是刘师培的发挥，但毫无疑问，新发现的《说储》确实对清代的制度提出了系统的改革方案。

《说储》文本的历史

值得注意的是，除了中国大陆和台湾学者偶尔在文章中提及，包世臣的论著似乎很少引起学者的注意。[②] 他在26岁（虚岁27）时完成了《说储》，但此时他绝不是一个毫无社会经验的年轻人。正如我们之前看到的，1797年包世臣被安徽巡抚朱珪聘为幕客。此后他又担任许多中层官僚和军事将领的幕友，并前往川楚前线为平定白莲教起义出谋划策。这些经历对包世臣产生了深远的影响，他毫无保留地向幕主提供怎样更好地防止起义以及让起义地区恢复安定的建议。[③] 1801年，他从战争前线返回家乡，接受了安徽太平府同知姚逢年的邀请，担任他13岁的儿子姚承谦的老师。包世臣认为姚承谦非常聪慧，他能提出“救弊之要”等问题，这让包世臣感到非常高兴。为此，包世臣设计了一些与科举考试无关的

---

① 刘师培：《跋》，《包慎伯说储》。

② 刘广京的研究虽然非常简短，但视野最为广阔，参见刘广京《19世纪初叶中国知识分子：包世臣与魏源》，《中央研究院国际汉学会议论文集》，第997～999页。另见施立业《包世臣〈说储〉初探》，《安徽大学学报》1997年第6期；冯天瑜《道光咸丰年间的经世实学》，《历史研究》1987年第4期；郑大华《包世臣与嘉道年间的学风转变》，《安徽史学》2006年第4期。

③ 胡朴安：《包世臣年谱》，《包世臣全集》，第204～216页。还可以参见HiromuMomose, "Pao Shih-ch'en," in Hummel, *Eminent Chinese*, pp. 610－611.

课程，教授他儒家经典之外的作品，并特别注重历史书籍的研读，这些课程的讲授为《说储》的写作奠定了基础。正如包世臣在该书序言中所写，年轻的姚承谦向他请教，为了“救世”，我们最应该做的事情是什么，而《说储》便是他给出的回答的扩展。[①]

“说储”是什么意思？笔者在该书或其他地方都没有看到过解释。其中“说”字是一种特殊文集的体裁，通常是为了讨论某个复杂的问题，而将一些散乱的文章集合在一起。“储”字指代收集或积累。明末文人陈禹谟有一部成书于1609年的同名作品，该书本质上是一本读书笔记，包含了作者广泛的思想，但里面的篇章互相没有关联。[②] 这说明“说储”作为“文集”的标题在当时是很常见的，而且陈禹谟的《说储》被收入《四库全书总目提要》，包世臣很可能看到过。不过包世臣的作品看起来比陈禹谟的更加具有整体性，关注的问题也更为集中。这说明将标题解读为“关于积累的讨论”，“国家财政论”，或是“财富论”（On Wealth）会更加符合该书的主旨。从各方面考虑，这是最有可能的一种解读。[③]

还有其他解读方式，虽然可能有些牵强，却提供了发掘包世臣作品另一种意图的可能性。“储”的第二个含义可能是

---

① 包世臣：《说储·序言》，《包世臣全集》，1991，第133页。包世臣《说储》的原版没有分章节和设置页码，除非另有说明，其余的页码都是参考《包世臣全集》1991年版。

② 此观点曾与魏丕信（Pierre-Étienne Will）教授交流。

③ 在一篇简单提及包世臣的文章中，朱迪思·惠特贝克（Judith Whitbeck）将《说储》翻译为“关于财富的解释”（An Explanation of Wealth），在笔者看来这很好地抓住了包世臣的意图，参见Whitbeck，“From K'ao-cheng to Ching-shih，” p. 332.

“储君”，这样第一个字“说”可能不读“shuō”，而是“shuì”，意思是劝告、建议。但包世臣想要劝告的年轻人是谁？首先想到的可能是他的学生——才华横溢的姚承谦，但这需要对“储君”进行极为宽泛的解读，因为“储君”一般不能用在普通人身上，很难确定当时是否可以这样理解。另一个可能的目标是嘉庆帝，他在两年前的1799年开始亲政，[①] 但在乾隆朝的最后20年就已经被官方和公众认为是储君。[②] 第三种可能是嘉庆帝的儿子爱新觉罗·旻宁，他在17岁的时候（1799）被立为储君，并最终在1820年继位成为道光帝。包世臣在很久以后为朝廷大员戴均元写了一个墓志铭，虽然戴均元是1799年秘密立储过程的核心人物，但笔者没有看到任何证据表明当时包世臣知道了储君的确立，这与嘉庆帝提前20年就被大家所熟知有所不同。[③] 如果将这个标题解读为“对储君的建议”，那么笔者认为最有可能的对象应该只是想象中的未来统治者，就像包世臣所引用的清初士大夫的政治书籍一样。例如，黄宗羲《明夷待访录》的对象是一个幻想出来的“明君”；与黄宗羲同时代的顾炎武，他最早的文章《郡县论》希望未来能够出现一个圣明君王，认真对待他的改革方案，并为他的重要作品《日知录》作序，顾炎武明确表示希望该书

---

① 虽然嘉庆帝1796年继位，但朝政仍被乾隆帝控制，直到1799年乾隆帝驾崩才开始亲政。

② 由于包世臣曾担任朱珪的幕友，而朱珪曾在嘉庆帝年少时担任过他的老师，这种可能性变得更大。参见 Hummel, *Eminent Chinese*, pp. 185 – 186; R. Kent Guy, *Qing Governors and Their Provinces: The Evolution of Territorial Administration in China, 1644 – 1796* (Seattle: University of Washington Press, 2010), p. 141.

③ Hummel, *Eminent Chinese*, p. 574.

得到“君王”的重新发现。[1] 实际上，包世臣在自己文章的第一页表达了希望未来出现一位“当路君子”，能够采纳他在书中提出的详细建议。

包世臣在序言中写道，他在写这篇文章时，还不能刊行这部作品，因为他的想法当时无法实现，“当路莫能采录者”。嘉庆初年是一个倡导公开发声的时代，但也是一个危机四伏的时代。白莲教起义达到了顶峰，大学士和珅刚被罢免，当时正在清理官僚系统中和珅的同伙。洪亮吉 1799 年上陈抗议信，被判处死刑（后改为流放），因此他成为年轻一代改革文人心中的英雄和榜样，其中很可能也包括包世臣。尽管他允许抄录副本，例如包世臣的师友李兆洛曾于 1802 年在常州抄录了一份，但出于小心谨慎、成本过高、缺乏赞助，或是因为缺乏洪亮吉那样的牺牲精神，包世臣没有公开刊行《说储》。[2]

大约半个世纪后的 1844 年，晚年的包世臣编印了他的文集《安吴四种》。这是一本大胆的论著，书中大部分内容都非常尖锐，在政治上直言不讳。正如我们所看到的那样，里面包含了五篇关于地方行政方面的文章：保甲、农政、学政、戍政、课绩，这些文章都表现出作者激进的思想。在《安吴四种》总目叙中，包世臣指出这些文章的写作始于 1801 年，是

---

① 顾炎武：《郡县论》，《顾亭林诗文集》，中华书局，1959。Wm. Theodore de Bary and Richard Lufrano, comps. *Sources of Chinese Tradition*, 2nd ed. (New York: Columbia University Press, 2000), 2.6 and 2.39; John Patrick Delury, "Despotism Above and Below: Gu Yanwu's Record of Daily Learning on Money, Power, and Mores," Ph. D. dissertation, Yale University, 2007, p. 126.

② 包世臣：《说储·序言》，《包世臣全集》，第 133 页。此观点曾与魏丕信教授交流。

作为《说储》的附录而写，他觉得《说储》上篇没有很好地解决当时乡村和城市的危机。在编辑《安吴四种》时，包世臣“以《说储》上篇体大事丛，不可分散，唯前后序及序目附论成文者摘入附录，以示端绪”；《说储》的下篇则是五篇关于地方行政管理的文章。实际上，他可能也感受到时代发生了很大的变化。嘉庆初期曾广开言路、咸与维新，并实际上放开了乾隆晚期设置的审查限制；但鸦片战争后，道光朝的政治氛围与嘉庆初年有很大的不同。① 尽管如此，包世臣还是指出在他家中仍有部分手稿，并补充说，感兴趣的学者可以来他家中查阅。② 根据对包世臣书信的查阅，郑大华发现很多人确实充分利用了这一邀请，与包世臣就作品的内容进行了深入的讨论，包世臣持续地向他的朋友寄去了书稿。③

1872 年，包世臣的儿子包诚刊行了新版本的《安吴四种》。在序言中，包诚指出《说储》仍藏于家中，可供学者们查阅。他承诺稍后会将《说储》作为“续刊”公之于众，但不知为何他一直没有这样做。1888 年，《安吴四种》再次重印，该版本得到广泛流传，但《说储》仍未收入其中。④

直到 1906 年，《说储》被刘师培收入《国粹丛书》才第一次排印行世。刘师培说：“此书乃家藏旧本。”⑤ 20 年后，一位名叫吴慰祖的藏书家从南京的书商手上购得一份手稿，他

---

① 张玉芬：《论嘉庆初年的“咸与维新”》，《清史研究》1992 年第 4 期。关于嘉庆初年审查制度的放松，参见 Seunghun Han, *After the Prosperous Age.*

② 包世臣：《安吴四种总目叙》，《包世臣全集》，第 4 页。刊于道光二十四年九月二十六日。

③ 郑大华：《包世臣与嘉道年间的学风转变》，《安徽史学》2006 年第 4 期。

④ 柳诒徵：《说储跋》（1936），《包世臣全集》，1991，第 199 ~ 201 页。

⑤ 刘师培：《说储跋》，《包世臣全集》，1991，第 199 页。

认为自己找到的是《说储》的未刊本，于是将这份手稿交给了历史学家、江苏省图书馆馆长柳诒徵。柳诒徵鉴定后证实了这一发现，并于1936年安排江苏省图书馆影印刊行。该版本开头保留了包世臣北魏风格的字迹，不过柳诒徵怀疑其余部分都是他人所写。正如1906年刘师培发现的抄本一样，1936年的未刊本不仅包括《说储》上篇的全文，而且还有包世臣两位朋友沈钦韩和周济（字保绪）的批注。刘师培认为这些是多余的，因此在出版时删去了。[①] 1991年，黄山书社在出版《说储》时，主要以国粹丛书版为底本，但以附录的形式补入了沈钦韩和周济的批注。

包世臣的《说储》

包世臣在《说储》中通过对当时形势的分析，认为清朝正面临重大的危机，并提出了许多具体的建议，以便立即进行补救。但更基本的是，包世臣提供了重构国家机器的详细蓝图。和珅得势后，最大的问题是普遍的官员贪污和腐败，正是这一点导致了当时的危机。包世臣提出了两个解决方案。第一个是建立更好的人事制度：选拔、审查、升调、惩戒官吏的腐败和渎职行为；第二个是从收支两方面重新构建国家财政制度。在详细地阐述他对这些问题的基本看法时，《说储》对许多其他问题也进行了简短的评论，包括经济（人口、农业生产率、商业）、盐政、漕运、河工、[②] 对外关系、镇压叛乱、

---

① 沈钦韩，号小宛，精熟史地之学，长于训诂考证。参见 Hummel, *Eminent Chinese*, pp. 640 - 641.

② 包世臣关于漕运和河政的改革建议，参见《说储》，《包世臣全集》，第186～188页。包世臣漕运、盐政的思想，将在本书第四章、第五章详细讨论。

军事（这个主题涉及很多）、社会秩序改革。

在《说储》的开篇，包世臣就对清王朝的统治基础进行了反思。在他看来，立国的根本分为三个方面：夫维以德、养尊以威、合众以财。包世臣认为三者缺一不可，但他的重点在于务实地认识到，没有强大的财政基础，“德”“威”都没有多大的意义。包世臣引入顾炎武提出的著名的“上”“下”概念。正如鲁乐汉（John Delury）指出的，对于顾炎武来说，上、下是对立的关系，可以指代皇帝与官僚、上层官员与下层官员、国家与社会、精英阶层与普通大众。[①] 在这里，包世臣所指的是第一种关系。正如顾炎武在《郡县论》中所说的，包世臣认为经济资源过度集中于统治者手中，将会导致“天子孤立于上”，这样不可避免的会导致亡国。[②]

在这次综合讨论中，包世臣谨慎地没有直接提及当时统治者的合法性问题。正如我们将要看到的那样，虽然在他的书中可以看到很多对朝廷的攻击，但该书看起来并没有直接反对满人统治，“反满”也不是该书推迟出版的原因。笔者看来，在包世臣的建议中，只有一条建议可以很容易被解读为反对满汉之别，“外官既不问满汉，惟能是使，内官何必拘分畛域?”他建议不分族群，唯才是举。[③] 显然，虽然这种观点不是在思想上反满，但在实践过程中，由于中央政府中汉人官员数量的增加，必然会削弱满人的统治基础。

包世臣认为，自 1801 年以来，清朝正面临即将来临的崩

---

① Delury,“Despotism Above and Below,” p. 261.

② 包世臣：《说储》，《包世臣全集》，第 133 页。

③ 包世臣：《说储》，《包世臣全集》，第 141 ~ 142 页。

溃，因此迫切需要“救世”。当危机如此明显地降临到头上时，如果还否认危机的存在，显然是不负责任的行为。他将当时的危机分为三个方面：白莲教起义造成的军事局势完全失控；国家普遍的贫困化，因为“上”从“下”剥夺了大量的资源，富人生活奢侈，穷人缺乏生机，阻碍生产；各级政府经费面临巨额赤字，大小官吏不得不敲诈勒索。①

然而，包世臣指出，危机也意味着机遇。明智的政策可以扭转生产力的下降，并可以恢复“国家财政富足”（国富）。他毫不讳言，他的目标是要恢复“国家”财政收入，需要“一切与民更始”。颇为让人惊讶的是，包世臣提出的第一步是大赦天下，“自非不孝乱伦罪至殊死，守土弃城，交阵弃军，及采生折割诸罪至极刑，皆与之荡涤旧污”，并豁免所有个人与官府之间的债务。包世臣指出，现在面临的比官员贪污更大的问题是，数十年来上层官员通过“规礼”或其他形式剥削下层官员。官僚体系中的每一位官员都背负着账目上的亏空，从法律上来说需要官员弥补。包世臣的“第一要务”，就是让这些挪移亏欠都免予赔补。② 完成这项工作后，就可以制定新的法规，并对之后的犯罪进行更严厉的惩罚，官府也可以系统地重建国家机器。然后，在正式工作即将开始之前，包世臣提出了关键性制度创新——审官院，该制度将在下文详细阐述。事实证明，这个机构的工作内容远远超过名字所

---

① 包世臣：《说储》，《包世臣全集》，第133～134页。关于包世臣对白莲教起义的分析，参见《说储》，《包世臣全集》，第182～184页。最近一项历史研究在很大程度上赞同了包世臣的看法，即1800年以后的军事危机本质上是所谓的“忠诚派”一手造成的，参见 Yingcong Dai，“Civilians Go into Battle.”

② 包世臣：《说储》，《包世臣全集》，第189页。

宣称的，它是一个搜集信息的中心，官员、士大夫，甚至是平民都可以就官府事务和政策表达意见。[①]

中央政府与省级政府

《说储》中篇幅最大的部分，是致力于阐述重建清朝官僚体系的建议。经过包世臣的研究，在融合了各朝元素的基础上，新官府的行政结构与任何一个朝代都不相同，但在笔者看来最接近明朝初期的情况。首先让我们看看包世臣计划中的几个要素，正如我们将看到的，它系统地破坏了清朝在过去 150 年引入的几项重要制度创新。

在包世臣的设计中，中央政府由左丞相和右丞相领导，这是仅有的两个正一品职位。左、右丞相负责治国理政，他们同时也是内阁的领袖，负责文武事务，并管理太监和其他宫廷官员。秦汉以来，拥有相似官衔的通常都是官僚体系的行政首脑，一直到明初都是如此。但因为明太祖朱元璋不希望宰相的权力过大，在 1380 年废除了宰相制度，无论是在官衔还是实际职责上此后都没有了相似的职位。相较而言，晚明和清初众多的"大学士"掌握的权力已经大大削弱。[②] 后来的政治家，包括顾炎武倾向于认为废除宰相制度是明清时期国家政治上的一种原罪，这样既加强了皇权，又进一步使得皇帝与国家的真正事务分离。包世臣没有明确指出这一点，但他似乎赞同顾炎武的看法。

---

① 包世臣：《说储》，《包世臣全集》，第 134 ~ 135 页。

② 包世臣：《说储》，《包世臣全集》，第 143、154 页。关于历史上丞相制度的演变，参见 Charles O. Hucker, *A Dictionary of Official Titles in Imperial China* (Stanford: Stanford University Press, 1985), pp. 126 – 127.

中央政府层面，除了左、右丞相外，包世臣还设置了六部尚书和侍郎，他们都是非常熟悉本领域事务的官员。他认为他的计划是要简化京官的职位，取消从汉代以来就出现的各种官职，既可以降低行政成本，又能减少普通民众与中央政府之间的阻碍，从而让民众更容易表达自己的意见。[①]

在包世臣的计划中，中央政府层面最明显被废除的职位和机构分别是军机大臣和军机处。康熙末年至雍正时期，军机处凭借其单独掌控的信息传递渠道（奏折），逐渐取代了大学士票拟的职责。与更官僚化的大学士相比，军机处是皇帝私人的统治工具，负责各种秘密事务，尽管偶尔有汉人官员加入，但其成员主要限制在满人或蒙古八旗。[②] 不过军机处一直是非制度性的临时机构，在乾隆朝《大清会典》中没有提及军机处，也没有明确其职权。包世臣在《说储》中没有直接指出要取消军机大臣，但在他的官僚体制设计中已经没有了这一职位，这是非常激进的想法。根据刘广京的研究，废除军机处和恢复宰相制度，表达了包世臣希望消除中央与地方、皇帝与百姓之间沟通障碍的愿望。[③]

1801 年，包世臣在《说储》中写道，军机处的权力不断扩大，特别是在和珅当政时期，军机处赋予了自己更多的权力，官员实际上对此普遍感到不满。嘉庆帝亲政后，在两年时间内进行了多项改革，包括通过“广开言路”来遏制军机处

---

① 包世臣：《说储》，《包世臣全集》，第 141 ~ 142 页。

② 关于军机处的权威性研究，参见 Beatrice S. Bartlett, *Monarchs and Ministers: The Grand Council in Mid-Ch'ing China, 1723 - 1820* (Berkeley: University of California Press, 1991).

③ 刘广京：《19 世纪初叶中国知识分子：包世臣与魏源》，《中央研究院国际汉学会议论文集》，第 998 ~ 999 页。

滥用职权。正如我们在本书前言中看到的那样，嘉庆帝对军机处进行了一连串的打压，对其职权制定了严格的规定，包括首次将军机处写入嘉庆朝《大清会典》。[①] 换句话说，包世臣和嘉庆帝都认为军机处导致了管理方面的弊病，但两人的解决办法不同。包世臣希望直接废除，而嘉庆帝则通过规范化和制度化来限制军机处的权力。

包世臣的中央军事结构设计很复杂，坦率地说让笔者有点困惑。[②] 引人注目的是，八旗将领“都统”的品级实际上由从一品降低为正二品，并需要接受提督的管辖。提督官居正一品，且可以参与“议国政”。在清代，没有与包世臣所设立的“提督”相对应的职位，在清代武官正职中，提督本是属于省级从一品。换言之，包世臣似乎大胆地为清朝提出了一个新的军事指挥体系，其中在清军入关时充当急先锋的八旗将领，现在成为服从官僚体系领导的军事指挥官。[③]

在文官改革计划方面，包世臣表现得更为大胆，直接取消了现有的总督和巡抚职位。包世臣提出，在中央与州县之间，可以直接由两位官员负责。一是正二品的藩司，每个省

---

① Wensheng Wang, *White Lotus Rebels*; Guy, *Qing Governors and Their Provinces*, p. 142.

② 包世臣将武官分为三类：宿卫、正职、幕职。第一种显然是最优秀的，但在清代军事用语中“宿卫”是代表“夜晚的保卫”的意思吗？笔者无法确定“宿卫”的职能。参见 E-tu Zen Sun, *Ch'ing Administrative Terms: A Translation of the Terminology of the Six Boards with Explanatory Notes* (Cambridge, MA: Harvard University Press, 1961), p. 235.（宿卫是保卫京师的意思，与夜晚无关。——译者注）

③ 包世臣：《说储》，《包世臣全集》，第 148、155 页。参见 Hucker, *Dictionary of Official Titles*, pp. 498, 545; William Frederick Mayers, *The Chinese Government* (Shanghai: Kelly and Walsh, 1897), pp. 56, 65. 梅辉立（William Mayers）指出清代都统通常由满人担任，而提督一般是汉人。

任命一名，负责“课绩、学政、戎政、钱粮、仓库、屯田水利”。二是从三品的臬司，只需负责“纠判刑名、驿站”。[①]取消督抚制度，转而依赖藩司和臬司，包世臣实际上是想扭转明末清初以来增设地方官的趋势。藩司、臬司源于1376年明太祖在省一级设置的承宣布政使司和提刑按察使司。后来又增设“巡抚”以协调省级工作，明末增设“总督”负责地区军事事务。然而，总督、巡抚并非真正的地方行政官职，这些职位都是因事而设，并不固定，他们被视为中央政府的临时差遣官。顺治十八年（1661）开始，督抚制度逐渐正规化，到18、19世纪已经成为政治运行中人们熟悉的总督和巡抚。[②]

在包世臣看来，总督和巡抚是多余的，其作用只会适得其反。在包世臣计划的背后，是一种反对过度监督的思想，这种思想至少可追溯到顾炎武，甚至更早。在顾炎武著名的地方治理文章《郡县论》中，他提议彻底取消常规的省级行政人员，只留下一位御史负责例行巡视。顾炎武认为，为了监视的目的而增加一层官员只会弄巧成拙，它削弱了地方官的权力，却没有相应的加强中央集权。总督和巡抚把权力从有能力的和值得皇帝信赖的地方官手中夺走，在这个过程中进一步增强了与地方官争权的对手：低级别的胥吏和官僚体系之外的地方恶霸。鲁乐汉在其著作中指出，顾炎武认为“简单地说，增强地方官员权力的同时，也会放大国家的权

---

① 包世臣：《说储》，《包世臣全集》，第173～175页。

② Guy, *Qing Governors and Their Provinces*, chap. 2; Hucker, *Dictionary of Official Titles*, pp. 127, 208, 355, 495 – 496; Delury, "Despotism Above and Below," pp. 174 – 175.

威，但监察体系只会适得其反”。[①]

无论包世臣在这个问题上是否有意呼应顾炎武，他们的思路显然是一致的。包世臣写道：

> 设监太重，赋禄太薄，携属太多，使人有谋猷则不得展，非贪婪则不能济。设官治民，适以害之，非计也。令属守，守属司，督抚与道何为者也？谓司不可信，安见督抚遂可信乎？官由部选，既不核才能，而督抚复以人地相宜之说，纷纭拨调，使迎送费繁，奸弊百出，实则计繁简、责贿赂耳。道介司、府之间，巡守、兵备皆属虚名，则督抚与道之宜裁，不问可知也。[②]

然而，作为一个对过度监管深恶痛绝的人，包世臣却针对官吏以及整个社会强加了许多法律和规定。他对吏役和平民制定了详细又烦琐的禁止奢侈法规（Sumptuary Legislation），强制所有平民必须穿纯色的棉衣，其中手工业者、商人只能穿青色衣服，农民则只能穿青色以外的颜色。[③] 包世臣还列举了几十种不同类型的渎职行为，并对每种行为给予了相应的严厉惩罚。[④] 制定法规的关键是执行的有效性，任何法律都必须由皇帝牢牢掌控（王者之法），而不能听任胥吏通过奸诈的手段任意操控。此外，任何有价值的法律都必须具有可行性，如果不

---

① 顾炎武：《郡县论》，《顾亭林诗文集》，第 13 页；Delury, “Despotism Above and Below,” p. 128.

② 包世臣：《说储》，《包世臣全集》，第 141 ~ 142 页。

③ 包世臣：《说储》，《包世臣全集》，第 139 ~ 140 页。

④ 包世臣：《说储》，《包世臣全集》，第 177 ~ 178、189 页。

是，则应该废除。[①] 依据这些原则，便可以着手制定法律。包世臣说自己年轻时阅读法家经典颇受启发，因而后来一直致力于系统研究历朝法律。[②] 在《说储》中，包世臣引用了法家代表韩非子的名言，法律必须浅显易懂，而且必须明确并严格执行。

地方管理

在《说储》的上篇，包世臣提出了部分关于地方行政方面的创新性改革设想。在1801年写的另外几篇文章，也就是《说储》的下篇进行了更深入的阐释。《说储·下篇》的文章收入1844年刊行的《安吴四种》，特别是《说保甲事宜》一文，体现了包世臣极大的勇气。与地方官僚系统的设计相比，地方行政管理方面的创新较少。

正如我们所看到的那样，虽然包世臣想要裁革“道台”一级的官职，但他保留了地方政府的核心官职，正四品的“知府”（全国共185名）和正五品的“知县”（全国共1511名）。同时保留负责文书、仓狱的正七品县丞，全国共1513名。还有其他一些更低级的职位。他还建议将当时的“州”“厅”都统一为“县”。包世臣对知县职责的讨论可以追溯到18世纪经世士大夫的作品：定期的巡视辖区，尽可能多的与当地人交流，绘制该地区的详细地图，对每个下属进行详细的考课，主持宗教仪式，选取当地居民中的模范并授予荣誉。“与地方贤士大夫共治”，这句话几乎成为那些批评清朝官僚

① 包世臣：《说储》，《包世臣全集》，第133、137页。

② 包世臣：《安吴四种总目叙》，《包世臣全集》，1993。

主义蔓延的人的口头禅。但如果仔细观察包世臣提出的县级以下管理方案，就会发现这并非简单的封建思想影响下的地方精英自治模式。①

也许包世臣最强调和最引人注目的建议，是彻底取消地方官员的私人幕友，这非常让人吃惊，因为包世臣在职业生涯中长期从事这种工作。我们对幕友的传统理解是：地方官在上任时需要面对一群臭名昭著的胥吏，他们在当地有着根深蒂固的社会关系；此外还需要面对地方社会的精英，他们对地方公共事务的承诺是不可靠的。谨慎的地方官带来了一群可以信赖的朋友——幕友，幕友专注于地方行政事务，熟悉刑名、钱粮和文牍，地方官用自己的俸禄支付幕友的工资，以获得他们的服务，使自己的行政履历远离丑闻。清代地方治理的基本问题是正规官员缺乏，到 18 世纪幕友的人数成倍增加，负责的事务也不断增多。② 据包世臣说，到 1801 年局面已经完全失控，实际上幕友是导致那几十年腐败泛滥和管理不善的主要原因之一。

对于包世臣来说，最重要的问题是这些幕友没有受到制度的约束，他们篡夺了国家的许多权力。幕友压迫当地

---

① 包世臣：《说储》，《包世臣全集》，第 143 ~ 144、175 ~ 181 页。关于 18 世纪经世士大夫的研究，参见 William T. Rowe, *Saving the World*: *Chen Hongmou and Elite Consciousness in Eighteenth-Century China* (Stanford: Stanford University Press, 2001); Pierre-Étienne Will, including "The 1744 Annual Audits of Magistrate Activity and Their Fate," *Late Imperial China* 18.2 (December 1997): 1 - 50.

② T'ung-tsu Ch'u, *Local Government in China under the Ch'ing* (Stanford: Stanford University Press, 1962), chap. 6; Kenneth E. Folsom, *Friends*, *Guests*, *and Colleagues*: *The Mu-fu System in the Late Ch'ing Period* (Berkeley: University of California Press, 1968).

百姓，更多的时候是幕友控制官员，而非官员控制幕友。幕友是官员腐败的主要推手，他们代表官员在寿辰和其他场合向上级赠送“红包”。虽然这些幕友的费用由官员本人承担，但实际上都转嫁到了百姓身上。根据包世臣估计，平均每个县每年需要2500两白银。包世臣认为，现在幕友提供的服务应该由下层幕僚和书吏承担，二者都应被正规化，由国家发放薪俸。当然，他指出现在很多幕友都是才华横溢的人，有些甚至非常诚实。一旦全面取消了幕友的职位，应该鼓励这些人以正规的身份参与考核，并被分配至相应的岗位。①

至于书吏，几个世纪以来他们一直是地方行政管理失败的替罪羊，包世臣认为他们应该得到地方官员的尊重，就像地方官对待自己的幕友一样，而不是像对待自己的家奴。实际上，包世臣希望书吏成为低级别的“史”：根据考核的成绩分为不同级别，由他所服务官府的上级负责考核，即县级书吏由知府考核，州府书吏由藩司考核，但由中央统一制定标准和监督。未能通过考核的书吏将被解雇，并遣返原籍。②

根据在白莲教起义前线积累的丰富经验，包世臣毫不意外地强烈支持地方军事化。他建议每个县都应该招募一支民兵队伍，由知县负责筹措军饷、训练和指挥。新兵的选拔不应基于他们的社会出身，也不应基于他们现有的军事技术水平，而应单纯地根据他们能举起多重的石头。一旦民团组织

---

① 包世臣：《说储》，《包世臣全集》，第178~179页。

② 关于书吏需要经过考试才能进入低等级官场的提议，在18世纪已经有过先例。参见 Rowe, *Saving the World*, pp. 342 - 344. 但包世臣思考的深度比笔者之前看到的建议要深刻得多。

成功，不仅可以用于地方防卫，而且可以帮助兴修水利和其他工程。此外，知县还要在其辖区内确定需要特别防御的“要地”。在尽可能靠近这些地点的地方，知县要清理出一块土地供民兵屯垦。如果面积太大，或者防卫要求很高，可以移交上级作为正式的屯田；如果在2000亩以下，则由知县自行管理。招募的民兵及其家属，应该根据家庭情况给予土地和牲畜，同时民兵也要交纳赋税和服兵役。这些人将分为5人、25人和75人不同规模的组织，不同于八旗，这些人是在知县的监督下进行武装训练。从本质上来说，包世臣呼吁建立一个“标屯”体系，作为在动荡时期防范叛乱的措施。①

包世臣还专注于选举地方社会领袖的问题。作为第一步，他坚持要求政府取消卖官鬻爵（捐纳），许多18世纪“经世”官员都建议废除捐纳，但没有成功，因为国家财政收入实际上长期依赖于捐纳所得的银两。在包世臣的建议中，通过捐纳获得的爵位将被取消，但他们仍有资格获得包世臣所设置的新型荣誉。两个由知县直接颁发的基本荣誉，第一个叫“贡士”，专门颁发给“孝弟”以及那些约束子弟、劝谕里党、解怨结和不受馈遗的人。各行各业的男性，包括商人、工匠都有资格获得“孝弟”荣誉。第二个荣誉是“生员”，只能授予那些从未参与“争斗、抗欠、狱讼”的农民，这是为了把他们树立为农民的模范。引人注目的是，这两个荣誉在中国通常与“文人”联系在一起，但在包世臣的体系中并没有以接受经典教育或者是文学教育作为先决条件。包世臣保留了科举考试，

---

① 包世臣：《说储》，《包世臣全集》，第135页；包世臣：《郡县戎政》，《包世臣全集》，1997，第460～467页。

他提出了独特的课程要求（参见下文），以满足官员施政的需要。这些考试都是从县一级开始，贡士、生员和其他普通民众一样都有资格参加。换句话说，地方社会领导的选择和官僚选拔被设计成两个完全分开的体系。①

包世臣地方管理改革的核心是要恢复保甲制度，这是一个古老的概念，主要出于公共安全的目的，将家庭划分为十进制的单位。② 当然，在清代的政策制定者中，包世臣并非唯一一个将此体系作为改革重点并不断加以振兴的人，但他的思想比大多数人都要深远得多。包世臣的保甲制度最重要的创新在于经济再分配方面，该内容将在本书第三章进行讨论。③ 包世臣规定了保甲的四个层级：十户为一甲，十甲为一里，十里为一堡，十堡为一乡。这些十进制的单位应尽可能遵循自然地形，根据自然居住的村庄编排；较低级别的单位只进行编号，较大的单位则会被命名；每个级别的保甲都有一个或多个领导人，这些人由郡民选举或上级任命，知县会仔细检查

---

① 包世臣：《说储》，《包世臣全集》，第 135 ~ 136 页；包世臣：《说学政事宜》，《包世臣全集》，1997，第 282 ~ 285 页。同样参见刘广京《19 世纪初叶中国知识分子：包世臣与魏源》，《中央研究院国际汉学会议论文集》，第 998 ~ 999 页。

② 包世臣：《说保甲事宜》，《包世臣全集》，1997，第 271 ~ 282 页。在包世臣的保甲体系中，最激进的方面是关于经济领域的再分配方案，这点将在本书第三章讨论。

③ 参见 Kung-chuan Hsiao, *Rural China: Imperial Control in the Nineteenth Century* (Seattle: University of Washington Press, 1960), chap. 3。萧公权认为，在清代大部分时期和大多数地区，保甲只是一纸空文。但根据笔者和其他许多人的研究，已经表明萧公权的观点有失偏颇，参见 William T. Rowe, "Urban Control in Late Imperial China: The Pao-chia System in Hankow," in *Perspectives on a Changing China*, ed. Joshua A. Fogel and Rowe (Boulder: Westview Press, 1979), pp. 89 – 112.

地方档案，了解候选人的历史，并广泛与辖区内的民众进行交谈。包世臣没有明确指出拥有功名的读书人是否能担任这些职位，当时的清代法律则是明令禁止的，但包世臣确实取消了商人、手工业者及其后代担任这些职务的资格。对于一个重农抑商的改革家来说，这是可以理解的情况，但对于像包世臣这样经常被视为具有商业倾向的经济自由主义者来说，还是让人感到很惊讶。

包世臣希望保甲的头目负责日常的公共安全，解决冲突，领导日常仪式，以及一个在清朝可能是相对常见，但现在看来十分具有雄心的项目，即协助地方官员绘制辖区内的详细地图。包世臣引用18世纪中叶一个特别理想化的活动，他希望将他的保甲体系用于地方改革运动，甲首在辖区内确定乡约，乡约的风俗在下一年或是鼓励发扬，或是需要改正。在这个过程中，表现最好和最差的家庭名单将被张贴在甲首家门口，其中最不服从命令的人可能被逐出保甲。[①]

经济与国家财政

显然，包世臣改革后的国家行政体系的运行成本非常高，尤其是在地方层面，大量的书吏、民兵和其他工作人员都需要国家支付薪俸。值得称赞的是，包世臣已经意识到了这一点，并详细计算了如何为他的改革筹措经费。这一切都与他对当时经济状况的看法有关，他坚持认为清中期的经济能够迅速恢复到健康状态。正如我们将在下一章看到的那样，包世臣进行了复杂的数学计算，以证明即使考虑到人口的增长，清朝的资源

---

① 18世纪的改革发生在山西（1744～1755），以兴利除弊为口号，参见Rowe，*Saving the World*，pp. 356–362，以及 Will，“Annual Audits”。

也足以确保民众生活水平的稳定，甚至可能继续提高。投入更多的劳动力，集约化使用资源，可以获得更多的产出。[1]

包世臣承认自己生活在一个以“四民”为主体的多种经济并存的时代，并且认识到了商人和手工业者对社会做出的宝贵贡献，但他坚持认为农业才是本业，只有农业才能为清朝生产财富。因此，政府政策的任务应该是让民众尽可能地返回农业，而不是像当时的税收政策那样让农业变得无利可图。与之前的人一样，包世臣希望禁止种植烟草等经济作物，限制将食用的粮食用于酿酒，并改由政府垄断酒的销售。[2] 在对盐政的冗长研究中，包含了他对19世纪二三十年代盐政改革的建议，包世臣认为盐是“天地之藏”。然后，他将这种思想扩展到铜、铅、木材等其他自然资源，这些资源在过去很少被认为应由国家垄断。包世臣认为这些资源和盐一样，“非民家私业”，应该由国家管理，其收益也属于国家。[3] 私人业主和商人在所有交易中都有合法的角色，但必须在国家的监管之下，国家扮演大管家的角色，有时为了防止私人垄断可以干预经济。在笔者看来，这很难被认为是一个追求“自由”的立场。然而包世臣也认识到，具体的商业决策最好是由追求利益的商人做出，而不是直接由政府规定，例如商人自己选择的食盐运销路线往往是性价比最高的。

包世臣关于对外贸易的讨论出现了一种更明显的反自由主义——激进的贸易保护主义。他允许清朝与中亚进行一些官方

① 胡寄窗试图从这一点推断出包世臣很早就提出了劳动价值学说，参见胡寄窗《中国经济思想史》，第587页。

② 包世臣：《说储》，《包世臣全集》，第133、186页。

③ 包世臣：《说储》，《包世臣全集》，第184～186页。

规范下的跨文化交流，但是所有的“出洋贸易”和东南亚的海路往返贸易（东南开洋）都是绝对禁止的。“各处洋行鬼子”都将立即被逐出清朝。清政府应该禁止使用外国制造的纺织品，外国设计的自鸣钟表、自行人、自行车，以及一切使用蒸汽或机械动力的外国产品。[①] 发现拥有这些新奇物件的清朝臣民将被杖一百，学习这些奇技淫巧的工匠将被斩立决。[②] 也就是说，在鸦片战争很久之前的1801年，包世臣就有了强烈的排外倾向，后来他对中外贸易的态度实际上有所缓和。

随着经济恢复繁荣，便可以转回到国家财政问题上来。包世臣在文章的开头就指出了充裕的国家财政收入的重要性。和顾炎武等前辈一样，包世臣坚持认为，与其将国家的财政收入交给皇帝和国家，不如交给官僚体系和私人经济，后者才是生产力的基础。[③] 然而，由于当时政府的管控能力日渐衰弱，在笔者看来，包世臣比顾炎武等人更为专注于提升国家的财政汲取能力。正如乾嘉之际的教训所表明的，一个财政不足的国家

---

① 大部分都是与东西方技术交流相关的物品。

② 包世臣：《说储》，《包世臣全集》，第141页。自行车通常被认为是1817年在德国发明的，因此包世臣所列出的“自行车”不能简单地等同于现在的自行车。有些人认为包世臣1801年的手稿可能在1906年出版前遭到修改。然而，自行车一词在包世臣那个时代确实是存在的，例如在1634年出版的《远西奇器图说》的目录中就能找到自行车一词，其他还有自鸣钟等词语，用于描绘“天然”的运动，该书原作者为德国耶稣会士邓玉函（Johann Terrenz），译者为明代的王徵。邓玉函没有进一步定义他所指的自行车的性质，但基本上可以肯定并不是一辆现代的自行车。《远西奇器图说》第1卷，商务印书馆，1936年重印，第14页。感谢梅维恒（Victor Mair）和保罗·戈登（Paul Golden）在这一问题上的帮助。

③ 包世臣认为，任用贤能的官员才能促进社会经济的发展，因此官僚体系也是促进生产发展的重要组成部分。——译者注

必然会掠夺百姓的资产，并会引发民众的反抗。[1]

在包世臣的书中，没有像复兴农业经济的计划那样，去计算理想型国家的财政收支规模。但我们可以试着把他的建议拼凑起来，看看他的办法是否大致可行。他希望通过限制官员的支出来节约百姓的钱：在他的官僚体系中的每一位官员，都有着严格的费用预算，许多当时容许的情况将被禁止，如用政府的经费安置大量的官员家属。[2] 包世臣没有计算出预期的总节约金额，但显然是非常可观的。他声称通过禁止官员向上级送礼和行贿，每年将为纳税人节省 100 多万两白银；裁革幕友后，平均每个县每年将节约 2500 两，全国大约可以节省 375 万两。他希望大幅削减常关和海关的税务人员，这样每年可以节省 160 万两；通过将盐政衙门运作的私有化，可以裁去多余的盐差，每年将节省 460 万两。总而言之，包世臣估计他的改革每年可以节约多达 1000 余万两。特别是处于当时这样的经济困难时期，将这些额外的财政资源留在生产者手中，确实是“生财之大道”。[3]

这听起来像是一个“自由主义”的表述，但实际上，包世臣几乎没有削减政府人员的规模。除了这些节约的经费外，[4] 包世臣的计划还提出了相当规模的新支出。例如，根据他的计算，县级政府的额外公费，包括正规化后的书吏和地方

---

① 包世臣：《说储》，《包世臣全集》，第 189 页。

② 包世臣：《说储》，《包世臣全集》，第 175 ~ 176 页，以及全书各处。

③ 包世臣：《说储》，《包世臣全集》，第 182 页。

④ 包世臣的节约经费计划，除了上文提到的裁撤各类职员所节约的经费，还包括“裁捐、免保举、捐加级、捐加封、捐级诸事，岁约及百万两，乘除共捐银米千数百万”。包世臣：《说储》，《包世臣全集》，第 182 页。——译者注

民兵的薪俸和军饷，全国新增的总支出为白银 400 万～500 万两，以及 80 万～90 万石粮食。[①]

那么，包世臣希望从哪里补偿政府的收入呢？他列举了几项新的国家财政来源。例如，他声称通过将食盐分销业务转移到私人商业市场，这样不仅可以大幅削减政府雇员，而且可以让商人分享利润，每年可以多筹措 1000 万两的盐税收入。通过一些细致的计算，他认为新方案的盐税收入是当时的 8 倍。在某种程度上，盐政是包世臣清朝国家体系重建后的摇钱树。在更广泛的层面，包世臣建议在地方层面针对所有的商人和工匠，根据他们的财富状况征收商业租。他宣称平均每个县的新增赋税为 3600 两，全国每年总计 540 万两。包世臣允许留存 160 万两作为地方经费，其余的 380 万两则解送藩司或户部。[②]

总之，包世臣似乎正在做两件事。一是财政支出的比重下移，削减上层的支出，加大对地方财政的投入。按照顾炎武的说法，这是在促进"上""下"平衡。二是他正在将政府的财政负担从农业转移到商业。需要指出的是，这绝不意味着是落伍的重农抑商。事实上，包世臣预计他的改革将为私营商业提供更多的盈利机会，这将刺激经济的全面发展。他认为清中期商业税实际税负过低。

如果将包世臣提出的财政新收入和损失的那些模糊数据加起来，放入国家财政收支，从数学计算来看是可行的。节约和新收入的财政总和，多于损失和新支出。然而，这背后是一个庞大的假设，即他的每一项计划都要起作用。

---

① 包世臣：《说储》，《包世臣全集》，第 182 页。

② 包世臣：《说储》，《包世臣全集》，第 184～186 页。

官员考课制度

正如前文提到的，包世臣在危机时恢复良好政府的办法，一方面是建立健全的国家财政基础，另一方面则是建立招聘、考核和尽可能把优秀的人才安排在合适岗位的正式程序。这是他新创立的审官院的职能，这是一个权力广泛的中央行政机关。虽然这个机构在新政府体系中级别不是最高，其院卿的品级仅为正二品，与侍郎同级。包世臣在介绍了他整个机构改革的计划时，专门说明了这个新机构，并宣称审官院将在清朝国家治理中发挥重建新体系的作用。包世臣发现在清代的官僚体系中没有类似的机构，但在中国历史上，北宋的 995 ~ 1080 年曾出现过这个名字。[①] 在包世臣的计划中，审官院与吏部、礼部、国子监、翰林院密切合作，但审官院显然处于控制中心的位置。[②]

审官院将系统审查中央现任官员的资质，包括内阁、六部、翰林院和御史，不称职的官员或是直接罢免，或是考核之后调往其他岗位。审官院将在地方一级组织新的三级资格考试，包世臣提出的新考试课程主要是研读《春秋》及其各种注本，包括古文经学的《左传》、今文经学的《公羊传》（后来激发了康有为领导的 1898 年戊戌变法），以及宋代胡安国的《春秋传》（该书从明末以来就被激进改革主义者奉为经典）。[③]

---

① Hucker, *Dictionary of Official Titles*, p. 418.

② 包世臣：《说储》，《包世臣全集》，第 134 ~ 135 页。

③ 关于改革主义者对胡安国《春秋传》的特殊兴趣以及《春秋》本身的研究，参见 William T. Rowe, *Crimson Rain: Seven Centuries of Violence in a Chinese County* (Stanford: Stanford University Press, 2007), pp. 116 – 117.

应试者首先需要接受关于《小学》和《孝经》的测试，其他的儒家经典都是次要的。包世臣明确要求废除八股文，最优秀的学生将接受以《资治通鉴》及各朝正史为重点的再次考核。所有级别的考试，考生都必须展示他们关于时务的对策。总之，这是非常注重实践的课程体系。通过最高水平考试的人将被授予进士功名，由审官院考核合格后安排官职。①

审官院承担的另一项主要任务是，联合翰林院和国子监的官员，一起对清朝官僚体系内的每个官员，包括新被纳入官僚体系的书吏提交的年度报告进行系统而详尽的审查。包世臣为每个高级官员对下属进行考核的标准提供了详细的规定，首先是用这些标准评估他们的下属，然后根据他们的表现按分数从高到低编制成一个列表。这些报告通过信息系统向上传递，每个层级的官员都要仔细阅读，并根据名单对个人进行升调或降革处理。审官院需要对每个职位的特殊性进行详细的调查，并定期加以更新，以便将最合格的人员精确地安排到最合适的岗位。②

包世臣解释说，尽管考核官员的表现非常重要，但这并非审官院的主要职能。审官院最重要的任务是征集、审议民众提出的各种问题，包括故宦、儒生、幕客、农民、吏卒，都可以向审官院提出各种“经国”方略，例如封疆大计、水利屯田、劝农练兵、吏治利弊、律意轻重，以及地方社会应该弘扬或禁止的事情。民众的建议可以用非正式的格式书写，密封后将信件交给知县封装，然后通过驿站传递到审官院。审官院将对收

---

① 包世臣：《说储》，《包世臣全集》，第135~137、155页；包世臣：《说学政事宜》，《包世臣全集》，1997，第282~285页。

② 包世臣：《说课绩事宜》，《包世臣全集》，1997，第317~319页。

到的所有提案进行分类，并予以适当审查，如果看起来没有价值则会退回给发件人（不会指责）；如果是可以实施的有价值提案，作者将被征召前往北京，沿途的花费都由政府负担，在北京的审官院将对其提案进行问询，作者可能被分配到中央政府相应的岗位。①

如果说嘉庆帝是为了根除和珅贪污问题而提前两年广开言路，那么包世臣提出的则是一个更为广泛、更加常规化的通信渠道，无论是在政府内部，还是政府与民众之间，都能建立良好的沟通机制。这也难怪负责 1906 年《说储》出版的刘师培，会将包世臣视为康有为的先行者，因为康有为在 1898 年 9 月设置了一个非常相似的机构，以征集民众对政府改革的建议。

重建清代的统治秩序②

尽管“立宪”一词直到清代最后几十年才从西方和日本引入中国，但很明显，传统社会晚期的中国确实是在一系列广泛接受的“宪法”原则下运作，这些原则界定和约束了国家机关的活动，包括皇帝的权力。正如魏丕信指出，“清朝宪政”体现为三个方面：经典著作中展现的祖先治理方式；《大

① 包世臣：《说储》，《包世臣全集》，第 134 ~ 135 页。

② 该节英文标题为“Rewriting the Qing Constitution”，译者曾就标题中的“Constitution”一词通过邮件向罗威廉教授请教。罗威廉教授认为，清代的确没有在正式文件中出现过“宪法”一词，而且在嘉道时期也没有“宪法辩论”这样的称呼。然而和其他复杂的政体一样，清代的中国确实存在一套中央治理机构和施政实践，这些机构和实践便是一部不成文的“宪法”。近代英国同样有一部不成文的“宪法”，但这并没有妨碍它被接受和被讨论。罗威廉教授指出，包世臣《说储》中提出的制度改革，实际上就是修改“宪法”的建议。为了适用嘉庆、道光时期的语境，在这里翻译为“统治秩序”。——译者注

明会典》与历朝《大清会典》中的制度规定；行政法和刑法，以及前朝的相关判例。[1] 对于整个清代的不成文体系，包世臣在《说储》中大胆地试图改写。

经过一代学者的研究，我们初步认识到，清代政治思想中存在着一场持久的争论。这场争论有三个核心问题，大多数现代历史学者倾向于认为这是清代统治的三个最重要基础：（1）统一国家（天下）的各民族都有不同的权利和义务，但汉人或其他任何族群都没有民族自治的权力；（2）皇帝拥有绝对的权力，君权神授；（3）中央集权的官僚国家，通过郡县制来实现管理，郡县负责征税，行使军事指挥和司法权力。

然而在清代初期，一些重要的政治家已经提出了对这些统治基础假设的挑战。例如，王夫之和吕留良指出中国的皇权只属于汉人；黄宗羲指出君权至少部分应该受到限制；顾炎武建立了一个地方行政管理模式，州县官僚的行政权力应该受到限制，封建精英下的地方自治原则将被谨慎地推行。

许多学者提出，明末清初经世士大夫提出的这些思想，在清朝之后的几个世纪甚至更长时间里继续保持活力和发展。例如，孔飞力将地方自治计划的起源追溯到顾炎武的建议，狄百瑞颇具争议地认为中国自由主义的传统可以追溯到黄宗羲、吕留良等人的思想。最近，裴士锋（Stephen Platt）已经证明，王夫之的民族主义论点在 19 世纪后期被重新提起，并被阐释

---

① Pierre-Étienne Will, "Le contrôle de l'excès de pouvoir sous la dynastie des Ming," in *La Chine et la démocratie*, ed. Mireille Delmas-Marty and Pierre-Étienne Will (Paris: Fayard, 2007), pp. 116 - 125.

为中国的民族自治理论。[①] 我们可能会问，包世臣 1801 年未发表的作品《说储》，是如何参与这场持久的统治基础辩论的？

在某些关键方面，《说储》没有非常激进。正如我们所看到的那样，包世臣对满人问题的处理非常温和，他与王夫之有着明显的不同。包世臣学习黄宗羲的方式，回避任何对清朝制度本身的批评，虽然它对清朝制度的解读可能存在政治风险。包世臣在《说储》中非常坦率地指出了嘉庆朝从乾隆朝继承而来的制度弊端和猖獗的官员腐败，但嘉庆帝继位后并没有纠正这些问题。洪亮吉曾向嘉庆帝提出惩处腐败的建议，但遭到流放。因此，包世臣的建议是对反对者大赦，这也是嘉庆帝所采取的办法。[②]

包世臣的书中没有提到或引用王夫之、黄宗羲的作品，但

---

① Philip A. Kuhn, "Local Self-Government under the Republic: Problems of Control, Autonomy, and Mobilization," in *Conflict and Control in Late Imperial China*, ed. Frederic Wakeman Jr. and Carolyn Grant (Berkeley: University of California Press, 1975), pp. 257 - 298; Wm. Theodore de Bary, *The Liberal Tradition in China* (New York: Columbia University Press, 1983); Stephen R. Platt, *Provincial Patriots: The Hunanese and Modern China* (Cambridge, MA: Harvard University Press, 2007).

② 虽然我们不在此专门讨论这个问题，但 18 世纪末 19 世纪初，包世臣和嘉庆帝改良主义方案的相似之处非常值得深入探讨。例如，包世臣对各级官员厉行节俭的详细规定，与嘉庆帝崇俭黜奢，并将自己树立为节俭的典范不谋而合。参见张玉芬《论嘉庆初年的“咸与维新”》，《清史研究》1992 年第 4 期。鉴于朱珪既是嘉庆帝年少时的老师，同时也是包世臣早期的赞助人，嘉庆帝与包世臣早期都受到相同思想的影响，因此其方式一致也并不令人感到惊讶。在嘉庆帝亲政后的第一年，立即从地方将朱珪召回中央，调任户部尚书，后改任协办大学士，可以看出朱珪对嘉庆帝的政策选择有着重要的影响。参见 Guy, *Qing Governors and Their Provinces*, p. 141.

有几处回顾了顾炎武的观点。刘师培在 1906 年版的《说储》中指出，《说储》基本上源自 17 世纪末顾炎武的《日知录》，但刘师培说的对吗？我们知道，在包世臣的父亲为其设置的课程体系中，没有顾炎武的著作。1792 年，17 岁的包世臣第一次在书店发现了《日知录》，在此之前他从未听说过顾炎武的名字。由于无力购买，他只能略读了第一卷。直到 1802 年当他完成了《说储》后，前往常州向李兆洛请教，李兆洛向包世臣指出了《说储》与《日知录》中相似的观点，并让包世臣阅读了自己收藏的《日知录》。据包世臣说，他读完后很受启发，感到非常兴奋。事实上，他的想法在某些方面与顾炎武相呼应，这让他更加相信自己的想法是正确的。但在写《说储》的时候，他对顾炎武的认识是不完整的。[①]

事实上，包世臣与顾炎武的思想并非完全一致，顾炎武关心的是权力和经济资源不能被皇帝或其他处于优势地位的人（“上”）垄断，而应该与下层（“下”）分享，这一点在《说储》中得到非常深刻的反映。顾炎武对监督过度和监管导致下级官员积极性下降的批评，以及他提出的废除总督、巡抚职位的建议都得到了包世臣的支持。尽管包世臣的地方行政改革和顾炎武一样激进，但两者也有很大的差别。正如孔飞力所指出的，顾炎武建议知县不再由国家派遣外地人短期的担任，而是从本地的高级精英中选出。这项建议被魏源采纳，并由冯桂

---

① 包世臣：《读亭林遗书》，《艺舟双楫》卷 2，《包世臣全集》，1993，第 1～4 页。同时参见包世臣《安吴四种总目叙》，《包世臣全集》；刘广京《19 世纪初叶中国知识分子：包世臣与魏源》，《中央研究院国际汉学会议论文集》，第 1000 页。

芬、康有为和其他地方自治的先驱继续传承和发展。[①]

包世臣则没有提出类似的观点。包世臣生活的时代与顾炎武所处的时代有很大的不同，顾炎武一直担心的是中央政府对士大夫和地方利益的过度监管，而包世臣面对的是大规模的内部叛乱和新起的西方挑战，例如在《说储》中，包世臣禁止西洋器物进入中国。因此，包世臣更关心的是怎样恢复有效的国家控制、充实国家财政和增强国家权力。与同时代的许多改革派希望“经世”的观点不同，包世臣倾向于“经国”。他详细地阐述了国家财政（国计）和国家行政（国政）的改革方案，他坦言“国富”是一个有价值且必不可少的政策目标。[②]

同时，我们也可以将包世臣的《说储》看成是孔飞力所说的清代“建制议程”（constitutional agenda）的奠基性文件。孔飞力指出，这一运动源自士大夫对于 18 世纪末 19 世纪初社会危机的共同反应，他将洪亮吉 1799 年对嘉庆帝改革的批评作为这项运动的开端。这个“建制议程”的核心，是要合法地激励更多的上层士绅参与政府决策，同时加强中央集权和国家权威，以便更好地应对内忧外患。孔飞力把他的分析集中在魏源的思想上，但他承认：“我们在魏源作品中的发现可能是徒劳无功的，因为这在同时代的其他士大夫作品中都能找到。”[③]

在包世臣自己生活和工作的时代，《说储》一书在见识和年轻朝气方面显得与众不同。有人认为，包世臣的职业可以分

---

① Kuhn, “Local Self-Government.”

② 包世臣：《说储》，《包世臣全集》，第 133 页。

③ Philip A. Kuhn, *Origins of the Modern Chinese State* (Stanford: Stanford University Press, 2002), p. 117.

为两个阶段：第一阶段是《说储》代表的理想主义；第二阶段是针对在位的官员，在考虑到具体执行的方式后，提供更加务实和成熟的具体政策建议。[①] 然而，《说储》仍是包世臣一生中对政治经济问题最系统的论述。在接下来的四章中，笔者将依据本书所讨论的四个不同领域问题进行研究，分别是农业生产、漕粮运输、盐政管理和货币制度。在每个领域，我们都可以将《说储》中包世臣年轻时的观点作为基础，并继续探索后续的试验和实证调查，是如何将他早期的想法发展为更切实际的改革计划。

---

① 例如，刘广京《19 世纪初叶中国知识分子：包世臣与魏源》，《中央研究院国际汉学会议论文集》。

第三章　农业管理与农民税负

在经常互相诽谤的清代官僚文化中，拥有“乡土气息”是对出身卑微的士大夫的一种贬损。然而，包世臣却以此为荣。前文已经提到，在包世臣年轻时，由于父亲病重，他不得不通过努力种植粮食和经济作物来养家糊口。这段农耕的经历，加上他对家乡长江中下游地区农业的长期研究，使得包世臣自信地认为自己在农业政策方面的专业知识，比任何其他士大夫知道的都要多。

包世臣在他成年后写成的各种著作中阐述对农业问题的看法。[①] 这些文章组成的《齐民四术》一书，在著名的社会经济史研究专家李伯重看来，是18世纪末19世纪初指导江南农业实践最重要的两部农书之一。[②] 李伯重在诸如作物品

---

① 1801年的《说储》包含了大量包世臣关于农业的研究，下篇的《农政》《说保甲事宜》等文章极大地发展了他的思想。在近半个世纪写成的其他政治论文和信件里，特别是1820年的《庚辰杂著二》，他提出了一个综合性的土地改革方案。1844年的《安吴四种总目叙》和《齐民四术》更为广泛地讨论了农业问题。最后，我们找到了包世臣在担任新喻县知县时，不得不处理许多农村问题的记录。

② Bozhong Li, *Agricultural Development in Jiangnan, 1620 - 1850* (New York: St. Martin's Press, 1998), p. 44 and passim. 另一本农书是姜皋的《浦泖农咨》（1834）。

种、轮作制度、播种和收获时间、牲畜使用、平均亩产量、人均粮食消费量的研究中，都引用了《齐民四术》的部分内容。

从嘉庆朝到道光朝，包世臣逐渐变得不那么理想主义，转而更为务实。在农业领域，他更加谨慎乐观地看待清朝农业的潜力，到底能多大程度地推动农业产出的增长和农民生活的改善。这种观念的转变，与包世臣自身年龄的增长有关；但也很容易看到，在这半个世纪中西之间出现了"大分流"，清朝的农业经济不断衰退，农村变得更加萧条，这可能也导致包世臣变得更加谨慎。

人口与劳动生产率

虽然包世臣比洪亮吉年轻 30 岁，但两人曾先后成为嘉庆帝老师朱珪的幕僚。朱珪在嘉庆帝亲政后的第一年即调回中央，身居要职。尽管有着共同的受资助背景，但洪亮吉和包世臣对当时最重要的问题持有不同意见。与本章关注的问题更相关的是，包世臣和洪亮吉在清朝农业的潜力大小方面意见截然相反。

在青年和中年时期，包世臣一直坚信清代农业经济的生产能力远超其他人的想象，并且极为自信地认为，按照他的计算方式，清代农业经济很快就会恢复健康。1801 年，包世臣写道："论者常曰，生齿日增，而地不加多也，是以民必穷困。"他没有明确指出，这是引自被称为"中国的马尔萨斯"的洪亮吉的人口预测观点。包世臣认为这并非定论，因为他们没有像自己那样用数学方法来解释问题。[①] 20 年后，包世

① 包世臣：《说储》，《包世臣全集》，第 188 页。与包世臣的观点类似，李中清和王丰也对洪亮吉的观点进行了驳斥，参见 James Z. Lee and Wang Feng, *OneQuarter of Humanity*: *Malthusian Mythology and Chinese Realities* (Cambridge, MA: Harvard University Press, 1999), p. 167.

臣写道："说者曰生齿日繁，地之所产不敷口食，此小儒不达理势之言。"[①]

尽管洪亮吉的观点被何炳棣这样权威的中国人口史研究专家引用，并作为基本的参考，但包世臣对洪亮吉的批评，至少在缺乏量化方面是正确的。[②] 包世臣与洪亮吉有很大的不同，实际上包世臣对数字有着强烈的兴趣，在某种程度上，即使是清前期最资深的经济分析专家也无法与他相提并论，而且他也明确地将计算能力作为自己拥有超高专业技能的证据。包世臣认为"天下之土养天下之人"，显然，人多则生者愈众，而人口正是富裕的基础；现在天下的"旷土"虽然所剩无多，但仍然存在。真正的问题是，劳动力没有得到有效或系统地利用。[③] 面对洪亮吉的悲观主义，包世臣重申了儒家经典中的治国理念：以人胜天。[④]

在年轻时所写的《说储》中，包世臣指出："里长三百六十步，当官尺百八十丈，亩积二百四十步，开方得七丈七尺四

---

① 包世臣：《庚辰杂著二》，《包世臣全集》，1997，第 210 页。

② 关于何炳棣的经典研究，参见 Ping-ti Ho, *Studies on the Population of China, 1368 - 1968* (Cambridge, MA: Harvard University Press, 1969)。直到近年来，才开始有李中清、李伯重等学者开始对何炳棣的观点提出质疑，何炳棣的结论是 19 世纪初期人地矛盾开始变得更加尖锐，并认为这是中国当代人口问题的开端。正如张瑞威最近指出的那样，洪亮吉"没有提供任何数据来支撑他关于清代严重人口危机的假设"。Sui-wai Cheung, *The Price of Rice: Market Integration in Eighteenth-Century China* (Bellingham: Western Washington University Press, 2008), pp. 75 - 76.

③ 包世臣：《庚辰杂著二》，《包世臣全集》，第 210 页。

④ 包世臣：《留致江西新抚部陈玉生书》，《包世臣全集》，1997，第 258 ~ 259 页。包世臣沿袭了清前期经世士大夫的乐观主义，但到 19 世纪这种乐观日益受到威胁，不仅是洪亮吉，同时代的魏源等人也逐渐变得悲观。刘广京注意到了这一点，参见氏著《19 世纪初叶中国知识分子：包世臣与魏源》，《中央研究院国际汉学会议论文集》，第 995 ~ 1030 页。

寸，则方里为田五百三十亩，方十里为田五万三千亩，方百里为田五百三十万亩，方千里为田五万三千万亩。”[①] 根据官方的统计，当时清朝的疆域，锦州以东，敦煌以西，隶属版图者各万余里。加上内地的徭役之区，北尽边墙，西距嘉峪，东并海迤岭，西南界交趾、缅甸。也就是说，由皇帝直接征收田赋和徭役的土地共有 3600 里，折合成面积为 686880 万亩，假设山、水、邑、里占总面积的 40%，剩余的全部是农田，共 412128 万亩。

由于承平日久，生齿日繁，包世臣认为在清代的“盛世”时期，人口已经超过 7 亿。[②] 他还计算了大概的农业总产量，去除工匠、商人、士兵以及其他非农业人口，平均每个农业人口可以获得 5 亩土地，平常年份每亩收获 2.5 石粮食，每个农民就可以收获 12.5 石。[③] 如果允许农民留出一小部分耕地种植桑树，则每年人均约可得谷 12 石。成年人每年需要食用 7 石谷，加上用于饲养鸡、猪的粮食，这也仅占每个农民产出的 3/5 左右。

在清代，一个健康的成年男性可以耕种 20 亩土地，家庭中的老弱可以提供有益的耕种经验和必要的协助，从而通过精耕细作来提高粮食亩产量。包世臣计算后得出，男丁占清朝总人口的 30%，如果有 1/6 的成年男性从事合法工商业，另外

---

① 包世臣：《说储》，《包世臣全集》，第 188 ~ 189 页。

② 包世臣并没有说明这个数据的来源，如果从现代研究来看，这个数据是非常高的。例如，李中清和王丰估算 1800 年清朝的人口为 3.5 亿，Lee and Wang, *One Quarter of Humanity*, p. 27.

③ “石”是一个重量单位，相当于 100 斤。参见 Sui-wai Cheung, *The Price of Rice: Market Integration in Eighteenth-Century China* (Bellingham: Western Washington University Press, 2008), p. x.

5/6（约占全国总人口的1/4）致力于农业生产，这些男丁就足以开垦和耕种清朝所有的耕地，从而使得其他必要的非农业工作仍有男丁承担。除了自己生产的粮食，农民还需要其他生活、生产必需品，如盐、铁、蜡烛、食用油，农民剩余的粮食正好用于交换这些东西。这样便能实现“壮男耕樵，壮女衽炊，老者饱温，幼能就学”。包世臣总结说，如果叛乱能够被镇压，并任命优秀的官员，“行之一年，英乂立朝；行之二年，草菅去野；行之五年，可使足民；行之七年，几于刑措。如其礼乐，以俟君子”。①

我们还可以比较包世臣的数据和现代历史学者的研究数据。前文已经提及，李伯重认为包世臣的大部分定量数据是可靠的，尽管他关注的是江南地区，而非全国的情况，他没有对包世臣的全国数据发表评论。在人口压力这一重要问题上，李伯重明显是赞同包世臣的观点，而非洪亮吉。李伯重承认，在18世纪末19世纪初，江南的平均家庭规模大幅缩小，但他将这种缩小视为是回归到了“最佳”的人地比例。随着双季稻的种植和作物轮作制度的高度发展，以及更有效的家庭劳动力分配，特别是女性劳动力专注于蚕桑业和棉织业，促进了劳动生产率的提高和人均产出的增加。可能比包世臣还要更加激进，李伯重认为在19世纪早期，即使是在人口最密集的江南地区，“存在的是劳动力短缺，而不是过剩”。②

然而，重点关注全国层面的著名历史学者郭松义的结论与之完全不同。19世纪初，包世臣估算的清朝可耕地面积超过

---

① 包世臣：《说储》，《包世臣全集》，第189页。

② Li Bozhong, *Agricultural Development*, p. 147 and chap. 6, passim.

了40亿亩，但郭松义计算的1812年耕地面积，[①] 按照官方的清亩计算为79152.5万亩，转换成实际的市亩为105043.6万亩，全国耕地总面积不到包世臣估算的1/4。郭松义还估算出1812年全国总人口为3.5亿，仅为包世臣7亿的一半。郭松义估算的平均亩产量是2.34石，略低于包世臣的2.5石。农史专家周邦君与郭松义一样探讨了1812年的全国总人口和总耕地面积，他估算的人均耕地面积为2.19亩，与1381年的人均6.13亩相比，呈现出明显下降趋势。[②] 最值得注意的是，郭松义认为到1801年，人均生产率和生活水平都持续下降了几十年，并在接下来的一个世纪继续加速下降，这主要是因为人口的爆炸性增长，而这是包世臣自称最不关心的因素。[③]

对于包世臣所处时代的突出问题——人口压力对粮食生产的影响，现代学术界似乎存在分歧。人们是否认同包世臣的数据，可能取决于研究问题的大小：如果说包世臣地区层面的数据反映的是他对该地区细致的观察，那么他对整个清朝的数据推断似乎完全是错误的。没有迹象表明，在写作《说储》之前他曾去过北京，但只有在北京才可能看到官方的数据。他的资助人朱珪在1799年被嘉庆帝召回京城，并曾多次邀请包世臣加入他的幕府，但显然包世臣没有接受邀请。经过修订后的

---

① 每清亩相当于0.9216市亩（郭松义《明清时期的粮食生产与农民生活水平》）。郭松义先生指出，明清两代的课税民田除了隐漏外，还有折亩的问题，需要适当修正，应当乘以系数1.44来校正（该系数引自章有义《近代中国人口和耕地再估计》，《中国经济史研究》1991年第1期），因此市亩=清亩×1.44×0.9216。——译者注

② 周邦君：《包世臣的边际土地利用技术思想》，《中国农史》2002年第4期。

③ 郭松义：《明清时期的粮食生产与农民生活水平》，《中国社会科学院历史研究所学刊》第1集，2001，第373~396页。

嘉庆朝《大清会典》虽然直到1812年才刊行，但在18世纪末就已经开始了准备工作。郭松义和周邦君认为嘉庆朝《大清会典》中的数据合理、准确，但同样没有迹象表明，在写作《说储》之前，包世臣与《大清会典》的编纂人员进行过沟通。因此，包世臣的全国数据，基本上都是他自己猜测的。

虽然在青年和中年时期，包世臣认为只需要更有效地利用现有资源，就能解决人口压力问题。但后来他坦率地承认，人均耕地的减少会带来很多负面影响。因此他积极宣扬开垦边疆地区，开发内地河床和沿海海滩，更好地利用城市空地，以及更有系统的开发山地。包世臣提议由地方官将辖区内的山坡划分为七层，最高的三层保持自然状态，较低的四层逐步开垦。包世臣建议在梯田上种植玉米、棉花、山药、洋芋等作物，并就如何成功推广这些作物提供了具体的建议。换句话说，即使考虑到人口增长的压力，以及现代学者发现的生态环境恶化问题，包世臣依然保持谨慎乐观的态度，依据自己的专业知识，认为清代农业能够长期可持续地发展。①

农业实践

在早年的《农政》一文中，包世臣将他所知道的一切农业实践知识都整理出来，以充实他对全国农业可持续发展的规划。他陈述了自己的资质：

---

① 周邦君：《包世臣的边际土地利用技术思想》，《中国农史》2002年第4期。关于清中期生态环境恶化的研究，参见 Evelyn S. Rawski, "Agricultural Development in the Han River Highlands," *Ch'ing-shih wen-t'i* 3.4（1975）: 63–81; Peter C. Perdue, *Exhausting the Earth: State and Peasant in Hunan, 1500–1850*（Cambridge, MA: Harvard University Press, 1987）.

> 余居家瘠野，且以食贫，幼亲园圃。近岁客游，颇究吏术，足迹所及，东西越数千里，访其风俗，验其得失，爰证旧闻，殊不相远。[①]

这篇长文实际上是一本“农书”，26岁的包世臣对这种体裁早已了然于胸。至少从明代商业出版繁荣以来，这一体裁已经出现了很长的时间。该文主要分为七个部分，第一部分是介绍各种作物，包括谷物、豆类和其他作物，介绍了每一种作物的外观、各种亚种、适合生长的季节、硬度、产量、用途和特殊的栽培技术。第二部分是关于土地的利用，分为稻田、水田、旱地，列举了各种作物最适合的土地种类，他认为大部分土地都可以转化为高产的稻田，但也指出了一些可能不可行的情况。随后是关于养种方法、劳动力的分配、桑蚕业、种植业、畜牧业的相关章节。

包世臣对数据的偏好在这里也得到了很好的体现。例如，他以道家经典《庄子》中著名的一段话开始了他的水产养殖部分：“鱼环游之，不知其几千里。”[②] 随后，他计算出鱼为了移动平均需要摆动18～36次，他推测每次摆动可以让鱼移动2寸至1尺不等。古人在布置鱼塘时，在鱼塘中不规则的放置了几个小岛。然而只有经过仔细计算，根据相对距离，合理地分布小岛，让鱼能够自然摆动，才能使鱼生长得最为肥美。[③]

但《农政》绝不只是一本农业指导手册，实际上这本书也不是直接写给农民的。更确切地说，正如标题所体现的，

---

① 包世臣：《农政》，《包世臣全集》，1997，第164页。

② 包世臣：《农政》，《包世臣全集》，第208页。

③ 包世臣：《农政》，《包世臣全集》，第208页。

《农政》是一本写给管理者的小册子，它主张对农村人口不稳定的生存状况给予更多的同情，并呼吁从皇帝以下，所有的清朝官员都要对农业有更多的了解和亲身实践。包世臣以《论语》和《孟子》的著名段落开篇，论述政府必须尊重农业耕作的时间。他在文中指出“先王”将农业视为“本政”，然而相较之下，这时的统治者对农业实践却表现得不屑一顾。朝廷对农业失去了兴趣，浪费和奢靡之风盛行。低效率的农业技术，对农业仪式的忽视，导致越来越多的农民脱离土地成为流民。由于皇室和上层对农业的漠视，地方官员和士大夫也越来越远离农耕，他们大多数不知道如何耕作，不了解农民生活的艰辛，转而致力于探讨形而上的“性命之学”。《农政》想要表达的是，农业的专业知识不应该仅让农民掌握，指导官员、地主、士大夫掌握农业知识也十分重要。

官员和士大夫必须密切关注当地的“土风”，但也不能将当地的做法视为对资源最有效地利用。土地应该尽可能高效地利用，能开垦成水田的土地决不能成为旱地。如果当地的资源分配不合理，则很可能导致商品价格的失衡，例如，粮食便宜，但薪柴很贵；或者牲畜很多，但衣料很少。在这种情况下，必须发挥士大夫在地方实践中所具备的专业知识和比较经验，以缓解“民困”，并在这个过程中增强清朝的“国脉”。

包世臣提出了一个直接通过地方各级官府推动农业发展的计划。他假设一个人口稠密的县大约有 5 万个农户，每个农户每年纳税两次，每次纳税需要花费一个工作日来完成，这相当于每年需要 10 万个工作日。一般 3 天就可以开垦 1 亩的荒地，所以征税的时间可以为全县新增耕地 3 万多亩。如果当地没有荒地，或是荒地开垦完成后，则可以将劳动力投入农业生产，每个征税的工作日可以额外增产 0.2 石粮食，[①] 全县即可增产 2 万石。包世臣重申，政府徭役的时间必须绝对尊重农时。通过这种方法，他向地方官员提供了两种非常实用的方法来增加整个地区的生产资料。[②]

产权

包世臣声称自己是私有产权的坚定支持者。1844 年，在生命的暮年，他写道，为了提高农业生产率，政策制定者必须遵循三个基本原则：礼、义、信。在农业方面，礼是指在划分农田时，恢复周代的井田制；信是指制定合适的农业历法，了解四季交替，不违农时；义讨论的是“什么是对的”，是对土地私有制或家庭所有制的尊重。他认为当时危机的根源是盗臣、书吏和地方精英肆意的掠夺民众的财产。[③]

然而在实践中，包世臣却在很多方面表现得并非私有产权和自由主义的坚定捍卫者。例如，在年轻时所写的《说储》中，他为社会各阶层制定了一套详细而烦琐的限制奢侈法案，农民要穿着除了青色以外颜色的衣服，因为青色是专门留给商人、工匠穿的，还规定商人、工匠只能穿纯色、无图案的棉鞋。[④] 正如下文将讨论的，包世臣还主张对一系列货物进行国家管制，其生产和消费都将受到严格限制，但他对私有产权原则最引人注目的观点，体现在自然资源和赈灾政策两方面。

在《说储》中，包世臣用了很长的篇幅进行盐政的研究，

---

① 可能是指将劳动用于新增公共土地。

② 包世臣：《农政》，《包世臣全集》，第 187 页。

③ 包世臣：《齐民四术·序言》，《包世臣全集》，1997，第 159 ~ 161 页。

④ 包世臣：《说储》，《包世臣全集》，第 139 ~ 140 页。

他认为盐与铜、铅、木材等其他自然资源一样，属于“天地之藏”，应该由国家基于公共利益进行管理。它们是集体资产，不属于任何私人或家庭。然而，正如后来在19世纪二三十年代他的两淮盐税改革建议一样（详见本书第四章），包世臣认为集体所有的自然资源可以由政府管理下的私人商业来负责经营。私营商人通过竞争分销食盐，将比传统的官商效率更高，在商人能赚取利润的同时，百姓也能买到更便宜的食盐，并且最重要的是，还能大量增加国家的盐税收入。[①]

在另一篇写于1804年的文章中，包世臣将类似的逻辑运用于另一种资源——北京西山的松树林。他指出，自明初迁都北京以来，这些以往人烟稀少的高山上的树木被当地居民砍伐，制成香末运至北京销售。香末产量适中，且能长期生产，因此国家在顺天府密云县设置了木税口进行征税。随着时间的推移，一些规模较大的经济林种植农户进入该地区，一直维持着持续的发展。然而到了嘉庆四年（1799），由于白莲教起义规模扩大，林地被“查抄入官”，政府派遣官兵前去砍伐，以谋求收入充当军饷。包世臣谴责这种滥用国家权力的行为，他认为财政政策在平衡国家财政收支的同时，也要考虑私人家庭的生计问题和资源的可持续利用。[②]

赈灾

包世臣并非私有产权坚定支持者的第二个体现是在赈灾方面，特别是赈济饥荒。在写成于1801年，但直到1844年才收

---

① 包世臣：《说储》，《包世臣全集》，第184～186页。

② 包世臣：《密云税口说》，《包世臣全集》，1997，第245～246页。

入《安吴四种》中刊行的《说保甲事宜》一文中，包世臣提出了一个乌托邦式的计划，将古老的保甲制度作为经济再分配的工具。[①] 在文章中，包世臣提出要制作一个可以复制的门牌模板，在上面标注详细的家庭信息。门牌上可以显示等级标签，根据每个家庭拥有的土地、牲畜以及其他因素确定收入等级。基本的等级包括“上户”“中户”“下户”，但也有极其富裕的“饶户”和“富户”，以及极端贫穷的“贫户”和“穷户”，后者包括没有土地、没有谋生方法、没有家庭依靠的人。较高等级的家庭需要根据级别存储粮食：富户三年，饶户两年，上户一年，中户半年。超出此数量的粮食应该出售，以保障地方市场上粮食的充足供应。

平常年份需要在亲属之间进行再分配，保甲的甲首负责去寻找“贫户”“穷户”的富裕亲戚，并说服（不是命令）富裕家庭帮助贫穷的亲戚。这样做的人将会在他们的等级标签旁边印上“义户”的字样，这有点类似1978年改革开放后的“文明户”标签。那些不遵守规定的人将被贴上“不友”的标签，如果连续几年出现这种情况，将被逐出保甲。在灾荒时期，再分配的过程会出现更大程度的强制，并超出亲属关系。在歉收年份的十一月时，知县将会发放凭据给最贫穷的家庭，授权他们向邻近的富户借支口粮，最多借三个月所需的粮食，秋后偿还，但只给象征性的微少利息。

随后，包世臣将这个体系扩展到更高层次。一旦保甲制度

---

① 包世臣：《说保甲事宜》，《包世臣全集》，1997，第271～282页。在考虑国家对私人财富再分配的可能性时，包世臣与龚自珍的观点不同，龚自珍认为富裕和贫穷都是自然出现的，不会因政府政策而改变。孙广德：《龚自珍的经世思想》，《近代中国经世思想研讨会论文集》，第280页。

在全县推行，通过对全县所有家庭的财富总和进行计算，可以把各县分为“饶县”“富县”“中县”“下县”“瘠县”。那么，知府在需要时，就可以像知县对保甲、甲首对甲内十户重新分配一样，对辖区内各县的财富进行调剂。包世臣称他的系统是“派给”，即评估居民的财产后指派富户赈济，这几乎是对农村社会实行计划经济。

然而在实践中，无论是作为幕僚还是县令，包世臣自己在赈灾中都没有那么激进和理想主义。1814～1815 年，在他的第二故乡南京，一场迫在眉睫的饥荒考验了他的再分配方案。[①] 1814 年上半年，江南大旱，作物歉收，南京城内外出现了严重的饥荒。此外，由于前一年河南东南部爆发的叛乱四处蔓延，江苏北部的扬州聚集了许多新招募的士兵，大量灾民和难民进一步围困南京城。

自 1811 年夏百龄被派往南京担任两江总督以来，包世臣一直是他的幕僚，负责河工方面的事务。随着 1814 年旱灾的恶化，南京本地的翰林侍读秦易堂，作为当时最杰出的学者之一，多次向包世臣请教处理饥荒问题的办法。包世臣追溯历史，发现最可以借鉴的是 1785 年常州府知府金云槐的处理方案。他在金云槐方案的基础上，结合当时的时空特点，制定了一个分为五大部分、共 22 条的详细计划。除此之外，包世臣认为最有效的饥荒救济策略，是将富人手上的财富重新分配给穷人。他把这个计划提交给秦易堂，但秦易堂对此犹豫不决，包世臣声称是因为秦易堂对农业政策几乎一无所知，他

---

① 关于这次事件的记载，参见包世臣《为秦易堂侍读条画白门荒政》《上百节相书》《答方葆岩尚书书》，收入《齐民四术》卷 2，《包世臣全集》，第 222～228，230～232，232～234 页。

不得不反复解释最简单的事情。但是，当秦易堂发现贫民开始抢夺富人的粮仓时，他觉得采取行动的时机已经成熟。他把包世臣的计划和一封自荐信寄给了百龄，建议进行系统的赈济。

嘉庆十六年七月二十四日（1811年9月11日），两江总督百龄在钟山书院召开会议讨论赈灾方案。出席会议的有秦易堂、方葆岩（尚书，和秦易堂一样是南京城内最杰出的人物）、藩司、盐运使、南京知府，以及南京近郊的上元县知县和江宁县知县。他们达成的协议分为三部分：首先，盐运使从盐道粮仓发放1.5万石粮食用于平粜；其次，从藩库中拨银6万两，向城外的32家粮店分批采买稻米；最后，在当地的富户中倡导义赈，百龄作为表率首先捐输，并召集富裕的士绅和商人在9月21日再次开会，以敦促他们捐输。南京城内最富有的4户立即捐输了共10万两，还有数百户捐纳了5000两，总共收捐17.7万两。

但问题和争论从一开始就困扰着这次赈灾。首先，虽然砻坊乐于以合理的价格将稻米出售给官府，[①] 但江宁知县蔡君弼单方面命令他们以低于市场价20%的价格出售大米，这遭到砻坊的拒绝。砻坊老板向藩司提出控诉，藩司对蔡君弼的做法感到愤怒。最终制定了折中的方案，粮店以8%的折扣出售粮食。

其次，官员之间爆发了由谁来负责赈济的争执。所有人都同意由翰林侍读秦易堂和尚书方葆岩负责，但谁来管理资格调查和救济的实际分配呢？在钟山书院的会议上，南京知府邱树

① 砻坊，即经营稻谷去壳加工的手工作坊。

棠认为这次赈灾应归民捐官办，即地方精英捐款，但由知府或知县管理；而其他人则认为民捐民办更为合适，即捐款和管理都由地方精英负责。[①] 在方葆岩的努力下，双方再次达成妥协。其中 2.7 万两直接交给知县，由知县分发给城镇居民。由于一些原因，上元县知县以无力负责为由，调离了上元县，转由江宁知县蔡君弼负责。剩下的 15 万两委托给 12 名佐贰和 12 名举人组成的委员会，由委员会分发给农民。

与此最相关的是确定救济的标准，主要是谁可以接受救济。一些官员认为只有城市居民才能接受赈济，农民只能自谋生路。包世臣坚决反对这一观点，他指出“四乡为城之根本”。来自其他州县的灾民应该直接在乡村进行赈济，以防止他们涌入南京城。包世臣提出的这两项建议都得到了肯定和实施，最终至少有 8.9 万名本地农民和 9000 名外地灾民获得了赈济。

虽然包世臣的赈济方案结果是成功的，但过程并不顺利。据记载，方葆岩对该方案管理中的几个要素感到不满，并直接告诉了百龄，促使包世臣直接写信给方葆岩，为自己的想法进行辩护。百龄方面也出现很多问题，在劝捐过程中，他几次选择过早的停止捐输，直到数以千计的尸体放置在城门外时才恢复了劝捐。包世臣与百龄之间的关系在赈灾过程中逐渐恶化，并且在百龄调任其他职位后[②]变得更加糟糕。

这段令人不快的插曲，很可能让包世臣对哪怕是最谨慎的再分配方案也感到厌恶。1839 年包世臣担任新喻县知县时，

---

① 包世臣：《为秦易堂侍读条画白门荒政》，《包世臣全集》，第 222 页。

② 卸任两江总督后，1816 年百龄便去世了。

暴雨摧毁了大部分粮食作物，与前任官员面对歉收时的举措一样，年迈的包世臣只是请求蠲缓新喻县的地丁漕粮。[1]

农业与商业

包世臣的著作中充满了对农民和农业的同情，他和儒家士大夫一样都将农业视为本业。包世臣认为农民的生活残酷而艰辛，饱受压迫。在《农政》关于劳动力分配的章节中，包世臣列举了这样的案例。

> 农民治其业，自非岁时伏腊，省祠墓，通亲戚，则晴事耕耘，雨勤织绩，赤背而薅草，跣足而犁冰，出入见星。工作常倍者为上农，自耕其田，岁息钱不过十四五千文，其佃耕与疲弱者可知也。或由忿迫，奔呼吏门，受断明速，而岁计已虚。略事迁延，常继横贷，滚垛之困，累世不复。[2]

虽然包世臣一直强调以农为本，但他并没有贬低商业。他主要担心的不是农民抛弃田地后转向其他行业，而是成为游民。他经常援引四民一词，来彰显商人和工匠的价值，他们使得社会上能有多重经济类型。当然，如前文所述，包世臣觉得对商人和工匠的税率是偏低的。他并不认为农业是自给自足，相反他希望农民种植经济作物，积极参与商业市场活动。他的《农政》一书用很大的篇幅介绍市场导向的蚕桑、水产养殖、

① 道光《新喻县志》卷3，第19页。下文将继续讨论包世臣在新喻知县任内的事情。

② 包世臣：《农政》，《包世臣全集》，第186~187页。

树木栽培和园艺。[①] 在《说储》中，他提出要彻底废除内陆的権关，以便所有的商品都可以更方便地在国内流通，这是为了“均货便农”。[②]

然而，包世臣不愿让农民在作物选择和土地分配方面拥有完全的自由。他强烈反对把潜在的生产资源浪费在烟草和酿酒方面，这也是康雍乾时期的改革者常有的抱怨，不过包世臣给出了数据上的解释。他指出烟草是通过进口引入中国的，他将原产地称为“淡巴菰国”，到 16 世纪时中国也开始种植烟草。几十年前，吸食烟草的人只有 20% ~30%，但这时全国的男女老少都在吸食。他计算出每个吸烟者每天在烟草方面的花费不少于七八文，对于一个十口之家来说，每年的烟草花费多达几十两。这导致原本种植粮食的土地转而种植烟草。在施肥方面，包世臣估计种植烟草所需的肥料是稻田的六倍，是种植谷物旱地的四倍。就劳动力成本而言，为了防御虫害等工作，种植每亩烟草的土地需要 50 个工作日，而一亩稻田只需要八九个工作日，种植棉花的旱地需要十二三个工作日。因此，烟草的劳动力成本是稻米的 6 倍，这还不包括采摘后加工所需的劳动。此外，士大夫常见的抱怨还有农民刚到田间开始耕作，便坐在田地上吸烟闲谈，导致损失了 20% 的劳动时间。[③]

包世臣指出，目前并没有禁止种植烟草，而且在他看来，任何立即禁止烟草的行为都是难以执行的。他建议改为一个为

---

① 包世臣：《农政》，《包世臣全集》，第 189 ~208 页。

② 包世臣：《说储》，《包世臣全集》，第 186 页。

③ 包世臣反对烟草种植的观点，也可以参见 Carol Benedict, *Golden-Silk Smoke: A History of Tobacco in China, 1550 - 2010* (Berkeley: University of California Press, 2011), pp. 45, 75.

期三年的计划，已经种植的烟草允许收获和销售，但明年不得再种烟草，这可以保护农民的利益。烟草的销售允许持续两年，直到该年的作物已经全部销售完毕，这可以保护商人的利益。允许三年内消费烟草，之后将被完全禁止。①

包世臣说，在古代人们饮酒是为了祭祀或治病，但现在苏州这样的富裕地区，酒馆无处不在。他指出，苏州府“截长补短不过方七十里”，通过他的计算，如果减去名城、大镇、山水所占的40%，可以产谷的田地方百三十里，大约合计910万亩。苏州的农民通过精耕细作，在丰收年分，每亩可收稻米3石、麦1石2斗；在较差的年份，也能亩产稻米2石、麦5～7斗。例如，在他写作的那年，苏州府的粮食总产量超过2200万石。苏州府地窄民稠，共有男丁四五百万，还有大量的妇女和儿童，每年需要消费稻米一千四五百万石，交纳钱粮70万石，预计每年盈余五六百万石。但由于酿酒过多，本地粮食不敷，每年还需从江西、湖广、安徽贩运客米不下数百万石。②

随后，包世臣计算出了酿酒所需谷物的数量，包括稻米、高粱、大麦、小麦，并比较了苏州成年男性日均黄酒、烧酒和粮食的消费量。他的结论是，苏州男性平均每天饮用的黄酒，制酒所需的大米是每日食用大米的七八倍，饮用的烧酒是谷物食用量的两倍。仅在这一个府，国家粮食的浪费量就如此惊

① 包世臣：《庚辰杂著二》，《包世臣全集》，第210页。亦可参见《说储》，《包世臣全集》，第186页。

② 原文为：“然苏州无论丰欠［歉］，江、广、安徽之客米来售者，岁不下数百万石，良由槽坊酤于市，士庶酿于家，本地所产耗于酒者大半故也。”《齐民四术》，《包世臣全集》，第211页。

人。应该像过去一样，禁止私人酿酒。包世臣没有明确提出禁止饮酒，因此酿酒可能是改由政府特许的酒厂垄断。[①]

包世臣还主动地将海运贸易纳入他试图鼓励的农产品流通中。我们将在本书第四章中看到，道光年间，他作为幕僚曾制定了详细的漕粮海运路线图。但实际早在20多年前，即嘉庆九年（1804），他就主张漕粮由河运改为海运，并提出了详细的论据，对当时人们的担忧进行了驳斥。这些担忧包括成本过高、沿海风力和洋流的不确定性会造成延误、可能会有海盗抢劫漕船。[②] 鲜为人知的是，他还支持开放沿海的农产品贸易，例如嘉庆二十年（1815）他对江苏北部的海州提出的建议。

嘉庆二十年秋天，包世臣对海州赣榆县进行了一次考察。他观察到，虽然该地以山区为主，无法种植水稻，但可以种植商品性的大豆和杂粮，制作腌猪肉和咸鱼。此外，在该地区的几个市镇，有豆油、豆饼加工厂。在很大程度上，这是一个“有货无售”的地区。然而实际上，江南的城市非常需要这些货物，那里也有棉布、纸张和其他可用于交换的商品。不幸的是，连接赣榆县和江南的内河航道大多无法通行，因此只能通过陆路由脚夫搬运，运费高昂。对于赣榆的生产者来说，这构成了“商业资本的浪费”。还有一个明显更好的选择，就是通过赣榆县的一个优良出海口——青口出口，但由于附近的淮安关是内陆税关，沿海贸易是被法律禁止的。不过这并不意味着青口没有走私，大量的走私被恶绅和棍徒把持，商人为此付出了高昂的代价，政府却没有得到任何税收。在包世臣看来，解

---

① 包世臣：《庚辰杂著二》，《包世臣全集》，第211页。

② 包世臣：《海运南漕议》《海运十宜》，《包世臣全集》，1997，第11~13、81~85页。

决方案很简单：将青口的沿海贸易合法化，并在该地设立海关分税口。在此之前，山东与东北之间的大豆贸易就已经合法化。正如他对两淮盐政和漕运改革的建议一样，包世臣认为，在这种情况下取消过度的官僚主义，可以使得“流通日广”，农民和商人都能获得利益，国家也能增加税收。[①]

海外贸易

在包世臣看来，国内的沿海贸易和对外贸易有着很大的区别。在包世臣年轻时期所写的《说储》中，他允许清朝与中亚进行一些官方管控下的跨文化交流；但正如我们所见，所有的“出洋贸易”和与东南亚的海路贸易（东南开洋）都是绝对禁止的，他还呼吁对那些胆敢走私西洋器物的人处以死刑。[②] 在嘉庆六年（1801）的时候，他还没有将鸦片进口认定为内忧外患的主要原因，实际上，并不需要以反对鸦片流入来解释包世臣的排外主义。相反，他对海外贸易的敌意似乎来源于对国内棉纺织业的保护主义，以及他对普遍奢靡问题的担忧，西洋器物只是在包世臣“新民”过程中必须禁止的奢侈品之一。

1820 年，包世臣对中外贸易的敌视开始减弱，但他同时将鸦片流入视为清朝面临的最大威胁。他认为，种植烟草和酿酒导致劳动力、土地、肥料等生产资料（本富）的浪费，而鸦片则导致了钱财（末富）的流失。鸦片是由外夷生产和进口的，虽然有严格的禁令，但近年来鸦片开始在整个清朝范围

---

① 包世臣：《青口说》，《包世臣全集》，1997，第 246 ~ 248 页。

② 包世臣：《说储》，《包世臣全集》，第 141 页。

内流行。仅苏州一地就有十多万人吃鸦片，每人每天至少需银1钱，那么仅是苏州城每天消费的白银就价值1万两，一年则多达三四百万两。全国的名城大镇，[①] 合计每年耗银1亿两。其成本主要由“贫困耕作之家”承担，但所有的利润被外夷攫取。

包世臣估计，国家每年的田赋、盐课和关税收入总和为四千余万两，这三项是政府主要的财政收入来源。[②] 因此，鸦片一项流出的白银是正税的两倍多。他指出，由于白银是大宗贸易的主要货币媒介，而国内开采的白银在所有的白银供应中所占的比重很小，大量的白银外流，却得不到相应的补充，近年来国内银钱比价失衡，完全是因为鸦片贸易，“外夷以泥来，内地以银往，虚中实外，所关非细”。[③]

包世臣观察到，虽然反复禁止，鸦片的消费量却在成倍地增加。因为鸦片会让人上瘾，几乎不可能戒掉。当时在浙江和云南种植罂粟的尝试都失败了，罂粟无法本地化生产，因此想要减少鸦片消费和鸦片贸易，只能从根本上禁绝夷船进口。实际上，“一切洋货皆非内地所必须”，虽然裁撤各地的海关会使国家减少关税二百余万两，但鸦片贸易停止后，民间的财富可以增加一亿两。相比之下，税收的损失是很小的，这是一项真正为了“藏富于民”的政策。

包世臣补充说，有人担心单方面的禁止鸦片贸易会带来对外战争的风险。但他认为，“从来外患，必由内奸”，如果没有内奸，也就不会存在外夷的威胁。与中国通商的外夷中，以

① 包世臣似乎认为吃鸦片在很大程度上是一种城市现象。

② 包世臣：《庚辰杂著二》，《包世臣全集》，第212页。

③ 包世臣：《庚辰杂著二》，《包世臣全集》，第212页。

英夷最强，但英夷的人口不到中华的1%。中国商人和海防官员一直参与外国人的走私活动，中国官员过分害怕外夷的武力。英国人最想从中国获得的是茶叶和大黄，即使没有鸦片输入，他们也可以用“洋铜”作为支付手段来获得这些商品。他提议处死任何反对鸦片禁令的“汉奸”和外国商人。包世臣说，如果对外贸易按照我们的制度进行管理，鸦片就会停止流入，粮价将恢复稳定，全国粮食供应也将更为充足。①

1830年代，包世臣越来越直接地将鸦片进口、白银外流与国内经济危机联系在一起。我们将在本书第六章看到，包世臣给不同的学者写了很多信，其中在与江南士大夫王鎏的信中，他们讨论了通过引入纸币来禁止鸦片流入的办法。王鎏认为引入纸币可以解决白银短缺问题，迫使外夷接受纸币作为货币媒介，让他们同意中国商人使用纸币购买外国进口商品，这样便能逐渐使外国商人不再将鸦片带来中国，因为纸币对于外国人来说是没有价值的。包世臣指出这种观点是不切实际的，但这确实可以作为引入纸币的主要理由之一。②

值得注意的是，包世臣的解决措施并不包括禁止所有的对外贸易，到道光时期，包世臣的态度和缓了很多。1820年代后期，包世臣曾担任粤海关监督阮元的幕僚。③ 在鸦片战争后的一些信件中，我们发现包世臣已经注意到了对外贸易规模的迅速扩大，他还在信中谴责了外国商品进口对国内手工业的影

---

① 包世臣：《庚辰杂著二》，《包世臣全集》，第213页。

② 包世臣：《与张渊甫书》《答王亮生书》《再答王亮生书》，《包世臣全集》，1997，第214~220页。也可参见Man-houng Lin, *China Upside Down*；本书第六章。

③ Arthur Hummel, ed., *Eminent Chinese of the Ch'ing Period* (Washington, DC: Government Printing Office, 1943), pp. 610-611.

响，这类似于20世纪早期反帝爱国主义政治家和学者提出的口号。他不再反对自鸣钟这样的奢侈品，除了反对鸦片之外，更多的是反对机器大工厂制造的廉价生活必需品。包世臣发现，嘉道时期整个长江中下游地区的农民已经完全依赖从棉纺和缫丝获得额外收入，用于完纳钱粮和维持生计。但在道光时期，外国机器织造的“洋布”大量涌入中国市场，使得手工织造的棉布价格下降了2/3。他感叹道，至少在江南，家庭棉纺织业已经名存实亡，棉花商人实际上很少再去农村收购棉花。包世臣也无奈地认为现有的补救办法只能是税收和货币改革，因为鸦片战争以后，五口通商已经是事实。①

国家的角色

正如前文所述，在包世臣的农业著作中，一贯的主题之一便是官员有责任亲自关注农民的生活，并积极改善农民的生存状况。这是“先王”治理国家之本，但最近的几位皇帝越来越不关注农业。以前的官员知道如何选种适合的作物，合理的分配农村劳动力，帮助农村兴修水利，稳定市场上的物价。包世臣写道，在他所处的时代，农民被描述为“乡里愚民”，无法自己做出合理的生产决策，很少前往城镇，从未见过官员。当时的官员致力于诗歌和文学追求，与百姓接触的是苛征的吏役。农民陷入了贫困，无论他们多么努力工作，家中的父母妻儿依然饥寒交迫。“又竭其财以给贪婪，出其身以快惨酷，岁

① 包世臣：《答族子孟开书》（道光二十六年五月二十四日）、《致前大司马许太常书》（道光二十六年六月十八日），《包世臣全集》，1997，第234～239页。

率为常，何以堪此？”[①]

在灌溉方面，包世臣自信地说，清朝没有任何地方是无法灌溉的，即使是干旱的西北地区，只要灌溉得宜，粮食生产最终也能与肥沃的东南相当。[②] 1836 年，包世臣在写给新任江西巡抚陈銮的信中，重点指出了维护水利设施是国家的责任。[③] 1835 年，包世臣被告知即将被任命为江西的候补知县，他热切地希望在北京找到尽可能多的江西籍士人，包括长期负责编撰《江西省志》的书吏，想要了解自己成为知县前所需要做的准备。然而到 1836 年，包世臣因为需要回乡为母亲守丧两年，不得不推迟上任。但这并没有妨碍他向新任巡抚讲述江西目前存在的问题及改进办法。

包世臣指出，江西的水稻大都是通过围湖造田，在围垦的圩田中种植。“从前民夺湖以为田，近则湖夺民以为鱼。”由于维护不善，生态环境已经开始衰退。小圩田通常为家庭或宗族所有，被大圩田所包围。小圩田的堤坝虽然得到了维护，但由于搭便车行为，没有人愿意去修缮大圩田的堤坝，这些大圩田逐渐败坏。如果不对大圩田的堤身进行修复，对小圩田的维护将变得越来越低效，因为小圩田无法得到大圩田的保护。几十年来这种情况不断恶化，自 1830 年以来，水灾频发，每年洪水都会摧毁大部分的农作物。知府和知县都对这个问题

---

① 包世臣：《农政》，《包世臣全集》，第 163 ~ 164 页。

② 包世臣：《庚辰杂著二》，《包世臣全集》，第 210 页。

③ 包世臣：《留致江西新抚部陈玉生书》（道光十六年四月十三日），《包世臣全集》，1997，第 256 ~ 260 页。包世臣将这个人称为“陈玉生”，但在 1881 年《江西通志》（卷 16，第 24 ~ 25 页）中，该年的江西巡抚是著名的激进主义者陈銮，包世臣经常在通信中使用“玉生”这一称呼。笔者无法肯定“玉生”是陈銮的字号，但笔者相信他们是同一个人。

视若无睹，只关心如何完纳钱粮和漕粮。即使圩田被冲毁为沙地，农民仍需交纳税赋。“田去粮在，民安得不流亡?”到这一阶段，无论是“民力”还是州县的公项，都不足以解决圩田问题。包世臣敦促即将上任的巡抚陈銮系统地处理这个问题：派遣委员进行详细的清查，制定大规模的水利建设计划，由于农民可以预见水利兴修后所获得的收益，因此可以按亩摊捐，不足部分则由藩库拨补。这项工作当然是很困难的，但包世臣自信地认为，通过适当的管理可以成功实现。①

税收与货币改革

1801 年，包世臣从白莲教起义前线返回后游历江南各地，在目睹农民交纳钱粮的情况后，感到非常震惊。他回忆说，他特别“伤心”，因为农民宁愿以死亡来抵抗横征暴敛。这次经历影响了包世臣的余生。② 在这次游历之后不久，他就写了一篇关于农政管理的长篇文章。他认为，为了缓解民困，官员所能做的最为紧迫、最根本的事情就是减赋。

> 盖田输两税，复摊丁徭，则一田而三征，内外正供，取农十九，而管理征收，公私加费，往往及倍。绅富之

---

① 关于 19 世纪初珠江三角洲大规模圩田的开垦与维护的详细描述，涉及省际协调、资金筹措、士绅管理机构、土地所有者登记、商人捐纳，参见 David Faure, *Emperor and Ancestor: State and Lineage in South China* (Stanford: Stanford University Press, 2007), chap. 18. 这与包世臣在江西的安排基本上一致，由于包世臣 1820 年代后期曾在广东工作，珠三角的模式很可能为他 1836 年的建议提供了具体的模板。

② 包世臣：《安吴四种总目叙》（道光二十四年九月二十六日），《包世臣全集》。

> 户，以银米数多，则耗折较轻；力作之民，以银米数少，而耗折倍重。是故鬻狱卖法，分绅富之膏肥，折粮加漕，浚茕独之膏血。[①]

在《说储》的正文中，包世臣还提出了一项具体的计划，从而将国家财政负担从农业转移到商业，他的计划每年将减少1000万两的田赋征收。[②]

包世臣成年后，推动他更加务实的土地改革的主要动力，源自他想要帮助农民减轻沉重的税收负担。在他生命的暮年，他回忆起这场漫长的斗争，辩解说这并不是为了自己的利益，因为他在家乡只拥有很少的田地。他的主要收入来源于售卖自己的书法作品，讽刺的是，这既不征税，也不会受到银价上涨的影响，但那些拥有土地和生产能力的“有业之民”却被无情地压榨。[③]

包世臣认为，“生财之大道”是要尽可能地将财富留在生产率最高的私人手中，这样才能增加国家与私人的财富。私人市场仿佛是无形的手，能够促进民众的财富增长。[④] 然而，这并非完全是自由主义的言论，必须指出的是，包世臣虽然对民众的税收负担抱有同情，但在他的税收改革中，从未寻求以牺牲国家利益为代价，来让百姓得到恩惠。在《说储》的开篇，包世臣将国家财政状况的好坏视为一个关键因素：经费不足的

① 包世臣：《农政》，《包世臣全集》，第163页。

② 包世臣：《说储》，《包世臣全集》，第182页。

③ 包世臣：《致前大司马许太常书》，《包世臣全集》，1997，第239页。

④ 包世臣：《说储》，《包世臣全集》，第182页；《齐民四术·序言》，《包世臣全集》，第159～161页。

国家必然是掠夺性国家，也是弱势的国家。在他的一生中，他逐渐认识到清朝财政收入的恶化，并且制定了国富的策略。这是他与“盛清”时期改革家的一个主要不同之处，包世臣将谋求“国富”视为重要的研究对象，但盛清时期的经世士大夫倾向于将“国富”当成理所当然，是不需要担忧的问题。包世臣希望他的税收和货币改革建议能够顾及多方利益：上利国、下利民，利国便民。19 世纪后期冯桂芬等经世士大夫则经常称为“富国利民”。[①]

在他的职业生涯中，包世臣逐渐将税收负担加重的问题与货币管理不善联系起来。1820 年他写道，货币是黄帝发明的，作为调剂盈缺的手段，从而促进百姓财富的增长。然而，现在银钱比价的失衡导致了恰恰相反的结果。在一个农业日益商业化的时代，我们看到包世臣虽然对商业化本身表示了赞赏，但农民面临着越来越严重的价格剪刀差：农民的产品以铜钱卖出，与他们交易的商人则用白银定价商品。因此，虽然白银代表的只是“末富”，粮食所代表的农业才是“本富”，但后者的价格直接受到前者的影响。官员有责任努力使银钱比价尽可能地恢复到 1∶1000。[②]

包世臣还逐渐将银钱比价失衡与民众税收压力的加重联系起来。1839 年，即鸦片战争爆发的那一年，包世臣写下了他

---

① 包世臣：《中衢一勺·附录序言》，《包世臣全集》，1993，第 8 ~ 10 页；《答王亮生书》，《包世臣全集》，第 214 ~ 215 页。

② 包世臣：《庚辰杂著二》，《包世臣全集》，第 209 ~ 213 页。也可参见 1844 年的《齐民四术·序言》，《包世臣全集》，第 159 ~ 161 页。对于该问题的经典研究，参见彭泽益《鸦片战后十年间银贵钱贱波动下的中国经济与阶级关系》，《十九世纪后半期的中国财政与经济》，人民出版社，1983，第 24 ~ 71 页。

对货币危机问题最全面的分析——《银荒小补说》。[1] 包世臣指出，在清朝的许多地方，田赋以白银作为奏销的货币，实际上交的却是铜钱，虽然额定的银钱比价为 1∶1000，但实际的市场比价为 1∶1630，[2] 税吏往往以 1∶1800 甚至是更高的比价征税。农民在银贵钱贱时，需要用更多的铜钱完纳钱粮，日益受到税负上升的压榨。包世臣的《银荒小补说》希望回到明末以前，直接用铜钱交纳田赋。

包世臣越来越相信尽可能地让白银退出流通是可行的，并主张引入纸币作为实现这一目标的手段，在 1830 年代与王鎏的通信中，他重点强调了该方案（参见本书第六章）。十年后，包世臣依然强调需要引入纸币来解决不断恶化的银钱比价问题。1846 年，他估计江南的平均银钱比价为 1∶2000，但他补充说，书吏在征收田赋和漕粮时经常要求高达 1∶3000 的比价换率，这可能超过了土地产出的价值，并将导致农民放弃本业。他再次主张强制以铜钱作为政府结算的唯一货币，并希望引入纸币，作为让白银退出流通的方案。[3]

施政实践

包世臣的一生都在指导他人如何进行各种土地改革，直到 1838 年至 1839 年之间，也就是他 64 岁的时候才得到了第一次，也是唯一一次真正直接施政的机会。1838 年夏，

---

① 包世臣：《银荒小补说》，《包世臣全集》，1997，第 228 ~ 230 页。也可参见《再答王亮生书》，《包世臣全集》，第 215 ~ 220 页。

② 这是包世臣该年在南昌所见的银钱比价。

③ 但正如他所指出的，道光朝在 1845 年拒绝了引入纸币，参见包世臣《致前大司马许太常书》（道光二十六年六月十八日），《包世臣全集》，1997，第 237 ~ 239 页。

包世臣成为江西的候补知县，当年秋天新喻县知县空缺，他奉命前去任职。[1] 这可以说是一次惨痛的经历，新喻县虽然被官府归类为“简”“优”，但在1838年显然并非如此。包世臣将新喻县描述为一个“抗拒完粮”的地区。原先任命的县令竟然拒绝上任，而把这个职位留给了包世臣。他到达县城时，被当地善良的士绅拦住，劝他不要进入混乱的县城。包世臣接受了他们的盛情款待，在城外十五里的地方住了几个星期，同时进行了广泛的实地调查，并制定了应对策略。

新喻县存在着当地百姓和各类高级官员，以及百姓内部的频繁冲突，包括巡抚、督粮道、藩司、臬司都插手新喻县的事务，他们自身或是腐败不堪，或是在处理政务方面有心无力。新喻县漕粮积欠甚多，农村的富户需要承担成倍增长的漕规，包世臣将之称为“陋规”。此外，银钱比价大幅上涨，新喻县的银价已经达到1600文，但在征税过程中这一比价高达1∶2000。税务诉讼和商业诉讼积压严重，外地商人与本地商户之间就拖欠的款项进行了旷日持久的诉讼，显然这与银钱比价的虚高有关。当地的士大夫已经设置了一项基金，用于补贴虚高的兑换率。但在如何分配这些资金的问题上，当地存在激烈的分歧。负责征税的皂役遭到百姓的憎恨，并经常遇到暴力抗税。引起当地士绅不满的另一个特殊原因是，当地的庠序被当作储存漕粮的地方。新喻县的万国彩等三人曾向藩司请求移

---

① 关于包世臣担任新喻县令时的资料，参见《复陈枢密书》，《包世臣全集》，1997，第239～241页；《中衢一勺·附录序言》，《包世臣全集》，第8～10页；《包世臣年谱》，《包世臣全集》，第236～237页；道光《新喻县志》卷3，成文出版社影印版，1988，第19页。

走这些漕粮，但藩司把他们污蔑为“漕棍”，并下令逮捕他们。包世臣认为，如果根据藩司的推论，整个县城的人都是漕棍，应该受到惩罚。[①]

包世臣在担任知县时，最大的特点是希望缓和矛盾，寻求合理适度的解决办法。他进入县城后，立即召开了一次纳税人和税吏一起参加的大型会议。他耐心地向大家解释，漕粮本身是一项法定的财政义务，在征收过程中确实需要交纳漕规，这虽然烦琐，但无法避免。可以由双方一起协商确定哪些是合理的，哪些是不合理的，包世臣促使双方达成了一些共识。然后他写信给藩司，要求削减新喻县的漕规。他还保证要惩戒任何“虐民”的政府人员。当 1839 年的粮食作物在夏季因水灾受到严重影响时，他成功地将过去蠲缓的款项继续缓征，直到来年丰收时再带征。

无论他在这些问题上实际是否取得成功，包世臣显然未能解决新喻县财政上面临的困境。他将从士绅手中募集的资金存入银库，同时反复试图通过谈判将其公平地重新分配给最初的捐输人，但都无功而返。当他被罢免后，藩司亲自没收了这笔钱，并任意决定偿还给谁、偿还多少。更糟糕的是两个“重犯”——万国彩和胡尚友，包世臣一再试图劝导他们向县衙自首，并承诺会公正地听取他们的申述，然后向上级报告，但二人并没有被说服，逃向了邻近的州县。愤怒的臬司派兵前往该地，将两人逮捕，万国彩瘐死狱中。在抓捕过程中，毁坏了三百余间民房。

---

① 因为包世臣认为：“其实新喻向无吃漕规事，而列示三人，于漕皆无案据，实为凭空取闹，迫成京控。”《齐民四术》，《包世臣全集》，第 240 页。

*　*　*

在本书前面的章节，笔者已经指出，目前有研究将包世臣的政策观点与西方的经济“自由主义”相提并论，但我本人并不认可这一观点。正如我们在本章看到的那样，包世臣对私有产权的坚定支持都是有前提条件的。在大多数情况下，他赞成由私营商人管理经济事务，但前提是在国家的严密管控之下，而且必须符合国家的利益。实际上，他的农业政策最重要的主题是需要更多的国家参与和行政干预。

也许对包世臣立场更好的描述应该是中立的“功利主义”，这至少体现在三个方面。第一，坚定地提高经济效率和生产力。第二，减轻农民的财政和其他负担，这与18世纪“盛清”时期经世士大夫的观点非常一致。第三，对国家财政需求持续、真诚和迫切地重视。在他所处的时代，这是相对较新的内容。正如我们将在本书第七章看到的，晚年的包世臣总结他在政治经济方面的追求，是为了“利”的最大化，主要途径是打击“中饱”，因为中饱会让百姓和国家都损失。他认为，这种被侵吞的利益应该重新分配，其中70%分配给百姓，30%进入国库。①

正如我们所知，包世臣是一位极具影响力的政策倡导者，但这些政策在实践中同样成功和有效吗？他显然非常聪明、知识渊博、思想大胆，他的这些品质得到了同时代人的尊重，但他的天真也让笔者感到非常震惊。正如我们所看到的，在具体

---

① 包世臣：《答族子孟开书》（道光二十六年五月二十四日），《包世臣全集》，1997，第234～236页。

操作层面，特别是他作为幕僚在 1814 年南京赈济饥荒，以及 1838 年作为新喻县知县处理财政问题时，他几乎是一个失败者。他对数字很着迷，在某种程度上，笔者没有看到清中期任何其他政策分析者能与之媲美。但他的数据没有做过考证，缺乏真实性。他的基本观点是，通过细致地管理，可以让清代农业的人均生产率和平均亩产量持续提高。客观来说，这种观点是错误的。

包世臣的成年生活和写作过程，跨越了两次重大的社会危机。一是 18 世纪末 19 世纪初的乾嘉之变，当时的改革家有洪亮吉、严如熤、陶澍以及稍晚的魏源；二是 19 世纪中期的太平天国运动，当时的中坚人物是胡林翼和曾国藩，以及后来的冯桂芬。[①] 在这半个世纪里，他的作品始终表现出对农民的同情，以及对国家财政状况的深切关注。胡林翼、曾国藩、冯桂芬等改革者，比之前的洪亮吉等人更加关注国家财政问题，在这一点上，包世臣超前于他所处的时代。他不断努力革除农民、商人与国家之间中饱的中间人，这是经世士大夫长期关注的问题，也是萦绕 19 世纪中叶中国社会的重要问题。包世臣的作品在时间上明显具有连续性，在他年轻时，面对当时出现的“嘉庆维新”，他表现得非常乐观，但到晚年时，随着社会问题的不断凸显，他逐渐变为失落地坚持。在 1846 年所写的文章中，他发现人民生活水平呈现下降趋势，国家财政枯竭，社会已经衰落得比以往任何时候都更加

① 冯天瑜认为包世臣是从乾嘉的“纯学术”向道咸的“致用之学”过渡的唯一代表人物，参见冯天瑜《道光咸丰年间的经世实学》，《历史研究》1987 年第 4 期。

严重，并且还在持续恶化。[1] 尽管他拥有巨大的影响力，他的一些政策也取得了显著的成效，但到19世纪中叶，许多社会问题似乎已经司空见惯，他关注的那些事情只会变得更糟糕，而不是更好。

---

① 包世臣：《包世臣全集》，第234~236页。

第四章　漕粮河运与海运之争

嘉道以降，清朝国势江河日下，内忧外患，危机四伏，如我们所看到的那样，这些危机促使了广泛的改革运动。危机和改革的主要内容之一，或者说核心内容是关于漕运体制的探讨，争论的中心为是否要将漕运从官府主导的河运改为私商负责的海运。这次讨论在东西方学术界都有了非常充分的研究，但对于包世臣与漕运改革的关系，我们仍未有全面的认识。①

尽管包世臣与漕粮海运的联系仍然相对被忽视，但实际上他非常接近讨论的中心。当然，包世臣从未担任省级官员，在基于档案或公开出版的官方文件的研究中，很难看到包世臣的

① Jones and Kuhn, "Dynastic Decline"; Jane Kate Leonard, *Controlling from Afar: The Daoguang Emperor's Management of the Grand Canal Crisis, 1824 - 1826* (Ann Arbor: University of Michigan, Center for Chinese Studies, 1996). 关于晚清漕运体制的研究，参见 Harold C. Hinton, *The Grain Tribute System ofChina, 1845 - 1911* (Cambridge, MA: Harvard University, Chinese Economic and Political Studies, 1956); 星斌夫『大運河：中国の漕運』、近藤出版社、1971; Hoshi Ayao, *The Ming Tribute Grain System*, ed. and trans. Mark Elvin (Ann Arbor: University of Michigan, Center for Chinese Studies, 1969).

身影。[①] 本章旨在探讨包世臣和其他改革者是怎样认识这次危机，即他们想要捍卫或者保护谁的利益；摇摇欲坠的清王朝处理危机的能力或局限，以及漕粮海运对整个嘉道时局的影响。简而言之，笔者所希望的是加深对19世纪上半叶改革主义的全面理解，重新认识嘉道变革对清王朝的重要意义。

漕运体制的积弊

包世臣始终认为，漕粮征收给长江中下游地区带来了极大的社会弊病，这也是最难解决的问题。漕弊非常明显，却很难处理。州县衙门的粮吏浮收勒折，从下层民众和国家抽走陋规，此外民众还需要向运丁和粮差支付合法漕费。并非当时的法律不够完善，而是因为几百年来积累的旧章，法律已经无法有效地管控。解决方案也很清楚，无须采用海运方案，只需建立更多本地的漕粮收兑站，并由州县官府负责装运漕粮以减少勒折，这样将使得整个长江中下游地区的税率得到有效的降低。问题在于，要想革除陋规，需要官员、士绅的共同努力，但他们都想从漕运中分肥，因此这种情况不

---

① 在孔飞力、曼素恩关于嘉道时期改良主义的综合讨论中提到了包世臣，但在漕运改革中没有直接提及。包世臣没有出现在李欧娜（Jane Kate Leonard）关于道光时期大运河危机处理的著作中，倪玉平关于1826年漕粮海运试验的详细研究中也没有涉及包世臣，参见 Jane Kate Leonard, *Controlling from Afar: The Daoguang Emperor's Management of the Grand Canal Crisis, 1824 – 1826*；倪玉平《道光六年漕粮海运的几个问题》，《清史研究》2002年第3期；倪玉平《清朝嘉道财政与社会》，商务印书馆，2013，第244～276页。据笔者所见，关于包世臣在漕运改革中的作用，最早出现在1969年大谷敏夫「包世臣の実学思想について〔付略年譜〕」一书中。后来张岩也探讨了该问题，参见氏著《包世臣与近代前夜的"海运南漕"改革》，《近代史研究》2000年第1期。

太可能发生。[①]

包世臣在1836年写给江西巡抚陈銮的信中，分析了江西漕粮积欠的问题，并指出该问题在道光年间不断恶化。[②] 书吏掌握了征收和奏销程序的控制权，他们的欺诈主要集中在已经完纳的钱粮中。钱粮的积欠分为两种：民欠，即百姓未交纳的钱粮；官欠，百姓交纳给了州县，但州县没有解交藩库。1835年，一方面是为了表现自己的仁慈，另一方面也是州县确实没有偿还能力，道光帝蠲免了江西道光十年（1830）以前所有的民欠。然而与此同时，官府却强制征收该年新出现的积欠，江西清查局查出积欠的数额约为70万两。其结果是，从清查局派下来的经征之员滥用职权，“累孤寡而肥书役”。[③]

包世臣还向陈銮指出，江西各地的漕粮负担不均。一方面，江西各州县漕额不同，有些县份属于无漕州县。有无漕额本应根据各县相对的粮食剩余来确定，但实际上有时只是因为历史偶然，或是根据征漕的难易程度。另一方面，各地征收漕粮的方法也各不相同，有些地方是民征民兑，即农民自行征集漕粮，然后运至漕仓；有些地方是民征官兑，即农民征收漕粮后，由官府运至漕仓；另一些地方则是官征官兑，所有漕粮都由官府征收和运输。民征民兑的好处是最大限度地避免了官府

---

① 包世臣：《包世臣全集》，1993，第8页。关于道光时期漕运的积弊，以及由此导致国家财政损失的研究，参见夏鼐《太平天国前后长江各省之田赋问题》，《清华学报》1935年第2期。

② 包世臣：《留致江西新抚部陈玉生书》，《包世臣全集》，第259～260页。

③ “现在清查局查出应赔银七十余万，若追经征之员，徒累孤寡而肥书役，于帑项断无实际；若问奏销之员，则前已垫完，今由着赔，尤为困甚，终必困民，而仍困帑，徒为不肖官吏借口挟制上游耳。”《齐民四术》，《包世臣全集》，第259页。

的操纵；民征官兑和官征官兑必然会向农民征收附加税和浮费，包括兑费、漕规等，用于支付政府运输的成本。毋庸置疑，那些土地位于漕仓上游的农民需要交纳相对较高的漕费，但费用的增加与土地产量的多少没有关系，上游的农民不得不承担更高的税率。为了更公平地分摊漕运负担，打击浮收勒折的书役，使得漕粮负担更符合农民的纳税能力，改善民众和官员的道德水平，包世臣敦促陈銮对全省的实际情况进行详细调查。

嘉庆六年的改革建议

嘉庆六年（1801），年仅 26 岁的包世臣首次提出要进行漕运改革，这是《说储》的重要部分。包世臣对该问题的分析具有深远意义，他提出的解决方案坦率来说是理想主义的，这与《说储》一书的整体风格相符。虽然当时通过大运河运输漕粮尚未出现明显的问题，① 但包世臣对漕运体制本身提出了批评，漕运既增加了百姓本不该有的纳税负担，政府还设置了臃肿多余的漕运机构，他希望直接废除漕运制度和漕运官僚体系。②

漕粮主要供应北京及其周边地区的旗人，他们大多没有工作，依赖于政府发放的漕粮维持生计。众所周知，直隶沿海的沼泽是可以开垦耕种的，于是包世臣提议在沿海地区设立屯田，由这些旗人屯垦，农忙时耕种，闲时练兵。从南方引进种子、农具，并调来有经验的屯田专家帮助旗人开垦耕种。运河

---

① 但两年后就出现了变化。

② 包世臣：《说储》，《包世臣全集》，第 186 ~ 187 页。

上的水手主要是南方人，大多没有家室，无牵无挂，可以在沿海开垦的土地上重新定居。水手熟知水田的耕作方法，相较于收益微薄而又十分艰辛的运输工作，他们肯定更愿意占有土地，从事更具有保障的农业。[①]

实际上，明朝时便在运河沿线设置了军屯，这些军队同时承担运丁水手的职责。清朝沿袭了这项制度，但到嘉庆朝，运丁中士兵的比例大幅下降，他们的屯田大多被不断扩张的土地市场私有化，漕船上雇佣的水手取代了运丁。[②] 包世臣的建议是要恢复屯田的农业生产，但实际上取消了漕粮的运输任务。

包世臣承认，考虑到南方水田的人均生产率高于北方，仍需对粮食进行一定数量的地理再分配，但他认为这应该通过商业市场来实现。在这方面，市场显然比当时官方的漕运更为有效。然而值得注意的是，包世臣的提议不仅仅是要求更大的市场化，如果他的屯田改革得以实施，实际上将使更多的民众在粮食方面实现自给自足，从而不需要依赖市场。显然，在粮食调剂方面，他更偏向市场，而不是国家。但在 1801 年的《说储》中，他更多的是追求减轻农民的纳税负担，而不是增加商人的利益。

嘉庆二十五年的改革建议

嘉庆时期，在广泛的政策领域，包世臣逐渐从年轻时的理

---

① 包世臣建议，旗人和水手的土地分配都应依据古代的井田制。

② Harold C. Hinton, *The Grain Tribute System of China, 1845 - 1911* (Cambridge, MA: Harvard University, Chinese Economic and Political Studies, 1956), p. 11; Hoshi Ayao, *The Ming Tribute Grain System*, p. 86; Jones and Kuhn, "Dynastic Decline," p. 121.

想主义转变为专注于更务实的具体改革。然而关于漕运，他仍然希望直接废除，并继续建议更为积极地利用屯田，以减少官员的贪腐和降低实际的税收负担。在道光帝登基一个月后，他以《庚辰杂著》为名，撰写了一系列关于政治经济问题的文章，最终在五年后刊行，其中两篇与漕运有关。①

《庚辰杂著三》集中论述了漕运体制多年来形成的各层级官僚腐败和低效问题，并提出通过简化漕运体系来减轻这些问题。清初在漕运方面最重要的创新之一是引入了“官收官兑”制度。清初各省的漕粮，由纳户直接向运军交兑；后改为由正规化的地方行政官员征收，由地方官向运军交兑。② 虽然这项改革的目的是为了减少运军对纳户的浮收勒折，但实际上也成为贪官污吏利用漕运牟利的开端。在这个过程中，奸民逃避清查，并将税收负担转移到良民身上。包世臣建议将州县官员排除出漕运体系，恢复由运军直接征兑。在许多地区，运军依然活跃在漕粮征收过程中，应将他们编入卫所，从事屯田。包世臣希望系统地增加运军的数量，并收回更多的屯田。当然，在20年前的《说储》一书中，包世臣就提出过类似的主张，但到写作此文时他已经务实地认识到，清朝对漕运制度的依赖，并把屯田作为一种减轻漕弊，而不是完全替代漕运的手段。

《庚辰杂著四》继续讨论漕粮问题，最引人注目的地方在于这篇文章展示了包世臣对量化的日益痴迷。在很大程度上，他的量化能力是整个清中前期最厉害的。他指出，每年有三四

---

① 包世臣：《庚辰杂著三》《庚辰杂著四》，《包世臣全集》，1993，第65～68页。关于这些文章早期的版本，参见包世臣《中衢一勺·附录序言》，《包世臣全集》，1993，第8～10页。

② Hoshi Ayao, *The Ming Tribute Grain System*, pp. 86, 91－93.

百万石的粮食运往通州，漕船多达五千余艘，在大运河一线，经过层层倒闸，节节挽纤，加上修堤防、设官吏、造船只、廪丁舵，每年的漕运成本不低于一千万两白银。每石漕粮运往北京所花费的运费是东南地区粮价的两三倍。

在包世臣年轻时的《说储》中，他提出了消除这些问题的理想化方法，即对华北的农业生态和水利基础设施进行大规模的改造，这不仅可以解决运河、黄河的泥沙淤塞问题，[①] 而且可以在华北大规模的种植水稻。然而，后来包世臣承认这难以实行，这样在政治可行性方面的让步，在他身上是非常罕见的。尽管像朱珪这样见多识广的高官过去也曾研究过该问题，但显然这项庞大的计划不可能由官府单独负责，其成本必将会传递给农民，农民只会在意前期的成本，无法想到长远的利益，因此必然会引发民众的普遍抵制。

但还有一个更好的解决方案。包世臣指出，每年漕粮的总量约为 400 万石，相当于东南地区平常年份 200 万亩良田的产量。如果假设该地区实际有 400 万亩这样的农田，业主和佃户之间平均分配，各得一半，那么田租就相当于漕粮的总额。

根据包世臣的计算，方百里可得田 530 万亩。华北的河南、山东和山西的部分地区，水道纵横交错，既有马场，也有沼泽，适宜开垦为屯田。应该从南方引入无田的佃户，给予丰厚的资金，让他们开挖沟渠，修建灌溉网络和开垦稻田，并提供农具和牲畜。该项目可以先以十里之地作为试验区，一旦所有人都知道了屯垦的好处，就可以在十年内逐步扩大到方百里的区域。新增的土地中，30 万亩用于建造住宅、粮仓等非农

① 大运河、黄河的淤塞在嘉庆朝已经非常严重，参见下文。

业用地，其余的500万亩为耕地。在这片屯田上耕种的农民将成为“官佃”，他们每年交纳的田租将达500万石稻米，这比从南方征收的漕粮还要多100万石。随着新土地的逐渐开垦，南方地区的漕粮负担可以相应减少，最终完全取消，剩余的数百万石粮食用于支付俸禄、军饷等。这个大规模开垦工程的启动成本不会超过一年转运漕粮的经费，相较于“百世之勋可集，而东南之困可苏”的收益，这是一笔微不足道的投资。

在他年轻时的《说储》中，或者说在他整个一生中，包世臣都想要保护家乡长江中下游地区的农业利益。虽然它有时会自称为江南士绅的代言人，但实际上远不止如此。他的职业生涯开始于对中西部地区白莲教起义的镇压，这让他对两个因素非常敏感：第一是贫困农民的合法权益，已经被地方官和书吏压榨到了极限；第二是国家对财政的迫切需求，因为一个贫穷的国家必然是一个掠夺性的国家，因此也是一个濒临危险的国家。在他1820年刊行的文章中，包世臣引用了人们熟悉的治国方略中的口号，非常认真地表明，他的减税措施并非为国敛财，而是“藏富于民”，从而提高民众的生产能力（元气）。但也重点指出，他的改革建议不仅可以保障国家财政收入（国计），更可以维护统治的稳固（政体）。目前的体制可能激起众怒，并存在引发类似白莲教起义的风险，而且可能会发生在东南地区（东南之患）。在漕运改革中，包世臣看起来还是一贯坦率的追求利益，但他坚持认为这是为了“公私之利益”。同样值得注意的是，他所提出的扩大屯田和官方资助土地开垦计划，本质上是国家主导，而非市场驱动。换句话说，包世臣并不完全是“小政府”的倡导者。

虽然包世臣关于逐步取消漕运的提议从未付诸实践，但很明显，无论是官员还是士大夫都认为漕运制度已经出现了根本性的弊病，包括林则徐在内都赞同进行漕运改革。魏源和贺长龄认为包世臣扩大屯田的建议非常合理，因此《庚辰杂著三》被他们收入了《皇朝经世文编》。但《庚辰杂著四》被他们遗漏了，大概是因为觉得太过激进了。[①] 江苏巡抚陶澍拒绝了包世臣扩大屯田的建议，也拒绝了他取消漕粮的呼吁，认为这些都不切实际。[②] 后来，陶澍却聘请包世臣作为江浙漕运改革的主要设计师。

漕粮海运

嘉庆八年（1803），河南衡家楼决口，黄河的泥沙穿过山东章丘段的运河。由于泥沙淤积，北上的漕船阻滞于章丘，许多漕船无法抵达北京。惊慌的嘉庆帝广开“言路”，饬令有漕省份的督抚，就如何从根本上恢复河运体系提出建议。[③] 当时包世臣 28 岁，他在《说储》中已经讨论过该问题。1802 年，包世臣在上海及周边地区进行了一次考察，他自认为是漕运问题的资深专家，向苏州知府和江苏巡抚递交了一封“私书”，要求完全放弃大运河作为漕船的航道，转而实行海运。这个想法虽然大胆，但并非完全独创。在元、明时期曾实行过几次漕粮海运。清初的几位官员，特别是在康熙三年（1664）漕运专家蔡士英就已经思考过海运的可行性；嘉庆八年几位督抚的

---

① 《庚辰杂著三》被收入后，改名为《剔漕弊》，《皇朝经世文编》卷 46，第 23～24 页。

② 段超：《陶澍与嘉道经世思想研究》，第 196～197 页。

③ 包世臣：《安吴四种·序言》，《包世臣全集》；胡朴安：《包慎伯先生年谱》，《包世臣全集》，第 217 页；Jonesand Kuhn, “Dynastic Decline,” p. 122.

上奏中也提议实行海运。[①] 然而，所有这些海运经验和海运建议，海上运输都是由军队或官僚负责，包世臣的建议则非常独特，他提议漕粮海运完全由私商承担。

在《海运南漕议》中，包世臣开门见山地列出了反对海运的三种意见：洋氛方警，适资盗粮；重洋深阻，漂没不时；粮艘须别造，舵水须另招，事非旦夕，费更不资。包世臣认为这些反对意见是典型的"书生迂谈"，并根据自己的实地调查驳斥了这些观点。[②]

首先是海盗问题。中国的东部沿海，以上海吴淞口为分界线，往北为北洋，往南为南洋。包世臣指出，南、北洋的海水深度不同，岛礁分布各异，因此航行的船只差别很大。南洋需要吃水深的"鸟船"，而沙碛遍布的北洋则需要吃水浅的"沙船"。海盗主要分布在南洋，他们乘坐吃水深的"鸟船"，绝不会威胁到北洋的交通。

其次是漕船漂没和延误问题。根据包世臣的统计，上海约有沙船三千五六百艘。船主都是本地富民，通常一个船主拥有四五十艘沙船。沙船设有会馆，由董事负责管理。自康熙二十四年（1684）开放海禁以来，这些船只往来于上海与山东、直隶、东北等北方地区。南运的货物主要是豆饼和小麦，每年超过千余万石；北运的货物较少，主要是布匹、茶叶等长江中下游的特产。多年来，贸易一直繁荣发展，从未出现过重大损失。会馆的董事告诉包世臣，每年漂没的船只

---

① 《皇朝经世文编》卷47，第26～32页；魏源：《海运记》，《皇朝经世文编》卷48，第70～71页；张岩：《包世臣与近代前夜的"海运南漕"改革》，《近代史研究》2000年第1期，第130～131页。

② 包世臣：《海运南漕议》，《包世臣全集》，1993，第11～13页。

不超过千百分之一。包世臣补充说："今南粮由运河，每年失风，殆数倍于此。"①

显然，海船已经存在，政府无须再行建造新的海船。此外，由于现有贸易中真正有利可图的部分是从东北南运豆饼，但北上时不能满载，只好挖草泥压船，船主一直在寻找合适的北运货物，因此肯定乐于以合理的运费帮助政府运输漕粮。上海的牙人每年需要安排沙船三四次北上，天津的码头能够很好地卸载和接收这些货物。包世臣根据对历史的研究，发现早在唐朝，著名的宰相刘晏就曾成功地雇募民船运送北上的漕粮。包世臣坚称，随着私营商业的显著发展，雇募私商承办海运将会容易很多，这确实是有道理的。

但还是有一些其他因素是包世臣没有考虑到的。根据包世臣的论述，这一时期对他的建议给予致命打击的，是由著名"汉学士大夫"、时任浙江巡抚阮元提出的意见。嘉庆八年(1803)，阮元完全驳斥了海运路线，因为他担心海运会使得成千上万的水手失业，而这些失业无赖带来的风险，要远远大于河运所造成的损失。第二年，当河运再次出现失败的迹象时，阮元改变了他的立场，接受了部分的海运，但仍坚持需要由兵船负责运输，这样便没有人会失业。②

在随后的20年里，包世臣在长江下游和华北地区督抚手下担任幕僚，就黄河、淮河和大运河的河工问题进行了研究和

① 包世臣：《海运南漕议》，《包世臣全集》，第12页。

② 阮元：《海运考跋》《海运考上》《海运考下》，《皇朝经世文编》卷48，第1~10页；包世臣：《包世臣全集》，1993，第11页；张岩：《包世臣与近代前夜的"海运南漕"改革》，《近代史研究》2000年第1期，第137~141页。

提供技术咨询。1814 ~ 1817 年，江北发生严重旱灾，他被指派为灾民制定赈济方案。但他仍一直关注漕运问题，并继续与任何愿意倾听他想法的人讨论这个问题。在北京参加会试时（没有成功），作为河工方面的专家，他获得了与德高望重的大学士戴衢亨会谈的机会。包世臣坚持认为河工与漕运密切相关，并与戴衢亨详细讨论了他的水田屯垦计划，包世臣希望将无所事事的旗人改造为屯垦的农民，在北方实行屯垦，这样便免除了长江下游地区农民沉重的漕粮负担。他提到还有其他解决办法，但没有详细说明，漕粮海运似乎便是其中之一。这次谈话没有取得实质性成果。[①]

1809、1810 年，大运河的淤塞日益严重，嘉庆帝再次饬令大臣们讨论漕运问题。这时海运至少已经成为一种可行的选择，大臣们讨论的是如何让河运与海运并行。然而，没有人赞同包世臣提出的“雇商海运”，也没有制定出任何真正的创新政策。[②] 嘉庆帝实际上把问题留给了继任者道光帝来解决。

道光危机

道光初期，漕运状况明显恶化，成功抵达通州的漕粮减少，北京的社会稳定受到威胁。道光四年（1824）十月，高家堰决口，苏北清江浦（今淮安）附近运河被淹，致使大多数的漕船搁浅。道光帝下令漕运总督魏元煜等筹议解决办法，

---

① 胡朴安：《包世臣年谱》，第 222 ~ 223 页；刘广京：《19 世纪初叶中国知识分子：包世臣与魏源》，《中央研究院国际汉学会议论文集》，第 1000 ~ 10001 页。

② 张岩：《包世臣与近代前夜的“海运南漕”改革》，《近代史研究》2000 年第 1 期，第 137 页。

但他们没有讨论出结果，没有人敢建议实行海运。根据研究，道光帝是一位优柔寡断的皇帝，虽然得出的结论是至少要将海运作为权宜之计，但道光帝对使用商船运输持谨慎态度。决定性的建议来自户部尚书英和的奏折，英和是满人，他的父亲德保曾刚正不阿地反对和珅，他自己则成功镇压了1813年白莲教起义，在嘉道时期，他们父子都是皇帝的宠臣。①

很难准确知道包世臣对英和的影响有多大，但可能是相当可观的。包世臣声称自己的早期想法影响了英和的这份奏折。② 张岩认为，英和的奏折主要是与新上任的江苏巡抚陶澍、江苏布政使贺长龄和改革派士大夫魏源共同商议的，这三人本身都受到了包世臣的影响。张岩还指出，包世臣与英和曾同时侨居扬州，相识多年。在随后的几年，包世臣被陶澍雇为幕僚，定期互相通信，包世臣还经常与魏源、贺长龄通信，但笔者没有找到确凿的证据，证明包世臣在1825年前曾与他们碰面。贺长龄和魏源在《皇朝经世文编》中收入了包世臣1803年写的《海运南漕议》，但有趣的是，包世臣随后的相关文章没有被收入。更为奇怪的是，在魏源给《海运全案》写的序跋中都没有提到包世臣，这是因为魏源和包世臣意见不合吗？尽管如此，我们似乎可以假设，在《皇朝经世文编》刊行之前，包世臣1803年所写的《海运南漕议》已经广泛流传了20余年，这篇文章曾刊印了多次，所以魏源不得不将这篇文章收入《皇朝经世文编》。英和在上呈他的奏折之前，肯定

① 魏源：《海运记》，《皇朝经世文编》卷48，第72～75页；张岩：《包世臣与近代前夜的“海运南漕”改革》，《近代史研究》2000年第1期，第141页。关于英和，参见他的传记 Hummel, *Eminent Chinese*, pp. 931－933.

② 包世臣：《中衢一勺·序言》，《包世臣全集》，第3～7页。

已经知道了其中的大概内容。

在英和的奏折中，他引用了宋代理学家程颢的观点，指出当前的危机必须进行大胆的改革，“治道从事而言，若救之则须变，大变之大益，小变之小益”。在英和的奏折中，他提出首先要处理已经渡过黄河的漕船，以及目前浅阻的漕船，随后便提出了自己的重要改革计划。尚未浅阻的漕船应该返航，直接改用海船运输。在接下来的一年，应该暂时放弃河运。朝廷需要减免部分漕粮，作为大运河和黄河的河工经费。剩余的150 万石漕粮仍征本色，雇募商船，由海路运至天津。如果北京出现粮食短缺，可以通过市场采买来补充，北京的粮食市场已经充分发展，能够满足需求。道光帝批准了英和的奏折，并做了简单的朱批。[①] 为了筹备海运，清政府进行了一系列的官员迁转，实地调研和朝堂商议。[②]

道光四年（1824）十一月，包世臣接受江苏布政使诚端的邀请，陪同他视察了大运河和长江三角洲。诚端确信漕粮由河运改为海运是可行的，但诚端可能是不愿意，也可能是担心无法说服他的上级进行这种改变。十二月，包世臣的老朋友齐彦槐来到扬州看望他，他们讨论了这场危机。包世臣称齐彦槐为“同年”，可能指的是同一年获得举人功名，齐彦槐曾担任金匮县（今属无锡市）知县，当时正奉旨办理海运。在与包世臣讨论后，齐彦槐向上级提交了一份报告，建议实行漕粮海运。这份报告似乎传到了朝廷，并得到了道光帝的批准，在实

---

① 英和：《筹漕运变通全局疏》，《皇朝经世文编》卷 48，第 37 ~ 44 页。

② 对英和建议之后的奏折和谕旨的总结，参见倪玉平《清朝嘉道财政与社会》，第 249 ~ 256 页。关于大运河受影响地区的详细系列地图，参见Leonard, *Controlling from Afar*.

践中却几乎没有作用。[①] 道光五年（1825）二月，朝廷下令调查上海的沙船数量，负责调查的书吏抵达到了长江三角洲，朝廷在四月又发布了第二道命令，但在实施海运方面没有取得实质性进展。

道光四年五月十四日（1824 年 6 月 10 日），一位吴门（今苏州）的友人前来拜访包世臣，并向他展示了英和的奏折。十八日，包世臣给英和写了一封信，祝贺他能够对当时形势进行敏锐地解读。包世臣指出，具有讽刺意味的是，尽管很多长江中下游地区的官员多年来一直建议改行海运，但最后只有英和在数千里之外的北京提出了有效的解决方案，并获得了朝廷的批准。[②] 包世臣还指出，负责的官员一直争论不休，办事拖拉。尽管大多数支持海运的学者都认为，根深蒂固的官僚体制和大量水手的抵制是改行海运的主要障碍。但包世臣则认同英和提出的另一个阻碍：江海关的胥吏。包世臣说，这些蠹吏一直将来自东北豆货关税的 70% ~80% 据为已有。[③] 他们担心，利用沙船装运漕粮会暴露他们的不法行为。接着包世臣阐述了他所设计的海上航行办法，他当时一直在努力研究这些细节问题。

道光五年（1825）六月，包世臣提出了一套非常详细的

---

① 齐彦槐：《海运南漕议》，《皇朝经世文编》卷 48，第 33 ~ 34 页。同样参见包世臣《上英相国书》，《包世臣全集》，1993，第 101 ~ 104 页；胡朴安《包世臣年谱》，第 231 页；张岩《包世臣与近代前夜的“海运南漕”改革》，《近代史研究》2000 年第 1 期，第 145 页。根据齐彦槐的文章，20 世纪初期的明清史专家孟森认为齐彦槐是海运计划的创始人，而非包世臣。张岩驳斥了这一观点（第 145 页），并指出齐彦槐的《海运南漕议》只是抄录了包世臣 1803 年的同名文章。

② 包世臣：《上英相国书》，《包世臣全集》，第 101 ~ 104 页。

③ “关东豆货登税册者，十不二三。”《中衢一勺》，《包世臣全集》，第 102 页。

漕粮海运实施方案——《海运十宜》，并将之呈交给了新上任的江苏巡抚陶澍，以备当年海运之用。[①] 包世臣指出，由于每年的风向很不稳定，如果我们希望漕粮在九月抵达天津，现在就应该尽快起程。

《海运十宜》的核心是对上海商船组织的分析。包世臣在报告中称，上海共有沙船 11 帮，都以他们的籍贯命名，最大的是崇明、通州、海门三帮，每个大户拥有沙船三五十艘。每个船队有一位“领首”，负责协调大家的利益。还有一些较小的独立船只没有加入大帮，从事小型货运，通常他们会将自己附属于某个大帮，并由该帮领袖充当自己的保商。

包纳关税、安排码头服务和雇佣临时水手的工作，平时都是交由八大“保载行”负责。包世臣指出，漕粮是免税的，因此今年的沙船运输不便于责令保载行负责，应当由官府直接与各帮交涉。

包世臣还提供了更多的细节，上海有一个会馆，所有的船帮和独立船户都隶属于会馆。名义上各帮领袖都会定期聚集在一起，讨论贸易和政策，但近年来他们很少聚会。当时的政策通常是由三大帮的领首，根据行会董事的建议商议后制定，整个行业的权力流动都是在行会内进行的。例如，每艘船都有自己独特的花名，由行帮登记成册，呈交给当地政府。当一艘船第一次抵达上海后，需要赴会馆挂号，会馆会检查其船篷、缆绳是否坚固，并对船户的经济状况进行调查。

包世臣表示，这种现有的权力集中结构有利于更好地安排

① 包世臣：《海运十宜》，《包世臣全集》，1993，第 81 ~ 85 页。也可参见段超《陶澍与嘉道经世思想研究》，第 6 章。

漕粮运输。各帮领首可以保证运输船只的可靠性，各帮领首和会馆董事为沙船出具保结，抵达天津后接受官府的查验。上海的领首、船主与官员一起确定漕粮的交兑时间，由于现在南北私营贸易仍在进行，应该允许船主继续附载一些食用大米和南货，漕粮与私货的搭运比例由船主决定。船只返回南方时携带的货物，主要是东北的豆货，其数量可以由会馆和保载行決定。包世臣继续讨论了海运的其他细节，例如粮船漂失后米石的赔补责任划分，他希望个人赔偿与会馆集体赔偿相结合。有漕州县将漕粮运至港口的津贴，包世臣认为应该根据距离远近动用漕耗支付。

包世臣承认还有一些实际问题有待解决，需要经过几次海运后，海运体制才能平稳运行。对政府来说，重要的是不要让官员和监管人员侵蚀商船的利益，而且要让船户相信，进行漕粮运输对他们来说是有利可图的。需要警惕的是，从历史的经验来看，规模大的“帮”会迫使小帮（通常是拥有 5 艘或 5 艘以下船只的帮）退出该行业，来促进大帮的发展。政府既需要培育小帮，也要发展大帮，并要让船户明白，大帮、小帮都能从漕粮运输中获利。

包世臣指出，1825 年 2 月和 4 月，朝廷曾两次想要实行漕粮海运，但由于同样的原因没有取得实际成效：朝廷只派遣了低级官员和书吏组成的队伍，这些书吏恐吓船户，阻碍了海运。包世臣希望减少政府的干预，更多地依赖商业社会内部的既定模式。然而，如果将包世臣的计划视为自由放任的“自由主义”则是错误的。例如，他规定沙船上的南货需要获得契票，并建议按照上年招商采买台米的成案，颁布相关的法规。他要求上海会馆对其管辖范围内每艘船只的详细收兑记录进行保存，并将这些账册交给地方官定期检查。他还规定，在前往北方途中，载有漕粮的船只在沿海港口停靠时，必须遵守官方提前公布的时间表，“以免混乱和腐败”。换句话说，包世臣仍然认为只有国家和商人领袖一起管理，才能维护一个有序的市场。

此外，包世臣重点关心的仍是国家财政收入的安全问题。漕粮海运本身是为了保护漕粮安全运至北京，而不是想要废除漕运体系。在包世臣的提议中，他提出运载漕粮的船只可以继续运载更多的私货，并认为是合适的，只是在江海关和天津海关，这些货物都需要按照税则输税。

20 多年后，1848 年，包世臣在《海运十宜》第一次公开刊行时，自豪地写了一个附注：“是时新抚至吴，茫无津涯，得此稿，依仿定章，海运事乃举。既举之后，船商大利，更邀优叙，米石全无漂失。”① 包世臣认为新上任的江苏巡抚陶澍几乎接受了他的全部建议，并将这些建议作为自己改革的蓝图。

正如包世臣所预测的那样，漕粮海运的过程非常顺利。②然而，在之后的 20 多年间，漕运体制仍在不断恶化，有很多原因是包世臣没有考虑到的。第一是低级武官和运丁水手的抵制所带来的社会动乱。由于转向海运，小商贩和水手的收入逐渐减少。随着时间的推移，这些人的抵抗越来越强烈，加上对其他问题的不满，最终导致 1848 年青浦教案的

---

① 包世臣：《海运十宜》，《包世臣全集》，第 85 页。

② 然而，倪玉平认为历史学者可能依据魏源、贺长龄、陶澍，以及其他海运支持者的奏折和记载，高估了这次海运试验的成效，例如 1826 年海运的各种间接费用远高于他们的估计。

爆发，三名英国传教士在青浦遭到漕运水手攻击。[①] 第二，尽管 1820 年代朝廷只是将海运作为权宜之计，在大运河得到系统修复后仍将恢复河运，但实际上大运河的状况一直持续恶化。1853 年，太平天国运动爆发，太平军占领了镇江和扬州，阻碍了运河航运，使得这条延续千年的大运河永远不再承担运送漕粮的任务。[②]

第三个是关于漕粮改折。英和的奏折中指出，道光朝的银钱比价已经远超 1∶1000，而征漕粮吏的浮收勒折，导致农民的漕粮负担日益沉重，特别是对穷人，与富户相比，他们很难根据优惠的银钱比价交纳钱粮。1850 年代，由于民众对漕粮负担的愤怒，使得太平军成功地在长江中下游招募到大量的贫民。然而，尽管折漕不受欢迎，但在太平天国运动的冲击下，政府无法通过河运或海运将漕粮运至北京，这使得清朝别无选择，只能在 1857 ~ 1758 年折征全部漕粮。[③]

漕运改革的历史意义

1826 年，也就是首次漕粮海运后的第二年，魏源写了一篇热情洋溢的文章，声称刚刚发生的事情是革命性的。对魏源来说，这是“千古未有之事”。通过“以海代河，以商代官”，漕粮海运取得了圆满成功，“国便、民便、商便、官便、河

---

① 星斌夫『大運河：中国の漕運』、233 - 236 頁。

② Hinton, *Grain Tribute System*, p. 28; Jones and Kuhn, "Dynastic Decline," p. 122.

③ 夏鼐：《太平天国前后长江各省之田赋问题》，《清华学报》1935 年第 2 期，第 419 ~ 425 页；William T. Rowe, "Hu Lin-i's Reform of the Grain Tribute System in Hupeh, 1855 - 58," *Ch'ing-shih wen-t'i* 4. 10 (December 1983): 33 - 86.

便、漕便”。在魏源看来，危机时改为海运并非是权宜之计，而是寻求已久的全新变革，这在过去难以实现，只有当海船技术发展到一定程度才能实现这个目标。历朝统治者长期以来一直希望利用海洋，同时却设置海禁阻碍对海洋的开发。魏源引用老子的话说：“大道甚夷，而民好径。”这种转变是清朝进步的里程碑，是人们“乘天时人事”，克服一切障碍的时刻。①

与魏源将海运视为人类历史的进步相比，包世臣的评价则相对谦虚。尽管包世臣一直为海运的可行性进行辩护，但他从未将海运描述为历史性的解放。实际上，他指出海运早已被商人们大量使用。这种差异的部分原因可能是两个人年龄的不同。1825 年，包世臣 51 岁，魏源则比包世臣年轻 20 岁，而 20 年前的包世臣显然比他晚年时更理想主义。另一个可能的原因是两人的教育背景不同，正如我们看到的，魏源和龚自珍一样，他们的思想源于对《公羊传》等今文经学的研究，强调历史相对主义，经典文本要为持续渐进的改革服务；而包世臣是一个自学成才的技术专家，只想解决现实的问题。② 从这个意义上说，魏源比包世臣更像是一个“现代”士大夫。③

虽然包世臣提出了许多大胆的政策创新，但他仍可以说是嘉道时期最温和、最具代表性的改革者。正如一些学者描述的

---

① 魏源：《海运全案序》，《皇朝经世文编》卷 48，第 70 ~ 71 页。

② 段超：《陶澍与嘉道经世思想研究》，第 122 页。正如我们在本书第一章中看到的那样，魏源和包世臣都受到常州学派李兆洛和刘逢禄的影响。李兆洛和刘逢禄都是改革派，但刘逢禄是《公羊传》的倡导者，《公羊传》提出宇宙是按五行运行的；而李兆洛更偏向考据，喜欢训诂和舆地。魏源是刘逢禄和公羊派的弟子，而包世臣则更接近于李兆洛的考据学说。

③ 魏源、龚自珍将公羊学与现实政治密切结合，成为改制变法的思想基础。康有为将公羊学与近代西方思想相结合倡导戊戌变法，因此说魏源更为“现代”。——译者注

那样，他是一个“调和主义者”，[①] 既没有寻求根本的政治变革，也没有提出重大的经济结构调整，更没有强调土地或财产制度的根本改变。与洪亮吉不同，包世臣对清朝人口的明显增长非常乐观，并认为农业生产率的增长能够满足人口的粮食需求。他将农业视为本业，政府应该通过干预改善和促进农业发展，在农业方面他并没有提倡放任自由。与此同时，他对大多数形式的商业化和货币化都非常满意，甚至是非常热情。他认为“本末皆富”，本指的是农业，末指的是商业和货币。他一直试图利用市场和商业化来实现国家和社会的目标。换句话说，他并非反国家主义者。但是为了有效地利用商人，政府在制定政策时必须关注商人的利益。正如刘广京所指出的那样，他预见到19世纪后期政府对商人的依赖程度将大大增加。[②]

尽管没有寻求根本性的制度变革，但包世臣已经深刻地认识到了当时政治经济体制中普遍存在的积弊，他的主要工作就是兴利除弊。他的方案是在镇压白莲教起义过程中开始形成的，在他看来，这场起义显然是由于官员胥吏对百姓的苛征，以及国家由于财政收入不足而过度攫取导致的。这段经历给他很大的震动，他认识到制定政策时必须考虑国计民生两方面的利益。当时，国家和百姓都面临威胁，“民生之骏削已甚，而国计日虚”。正如我们将在第七章所讨论的那样，包世臣坦承他的目标是追求“言利”，在这里他同样没有反对国家，而是想要清除奸民的“中饱”来为民众谋求利益。奸民通过不公平的手段，让良民承担了过多的财政负担。到咸同时期，改革

---

① 胡寄窗：《中国经济思想史》，第585页；Lin, *China Upside Down*.

② 刘广京：《19世纪初叶中国知识分子：包世臣与魏源》，《中央研究院国际汉学会议论文集》。

家胡林翼同样将去除中饱作为自己的改革目标。

虽然包世臣在广泛的政策领域发出了各种声音，对许多社会积弊也提出了有影响力的解决方案，但在他的心中，一直认为影响长江中下游最关键的因素是漕运制度。例如，他指出即使是相邻的州县，因为额漕数量的不同，可能导致经济繁荣程度出现差异。那些漕运负担过重的地区，农民为了提高劳动生产率，不得不转而种植各种经济作物。

前文已经提到，包世臣对农民、农业表达了关心和同情。他的个人利益无疑与农村士绅一致，但他所追求的是所有农民的富裕，而不仅仅是所谓的地主阶级。早在 1808 年，他就注意到钱粮征收已经引起了“众怒”，并越来越频繁地警告说，有可能爆发类似于西北白莲教起义的“东南之患”。他非常明确地指出，当地的大户经常通过代理交兑的形式，将漕粮负担转移给小民。[①] 虽然温和主义的包世臣绝不会支持民众起义，他曾在西北地区为镇压叛乱做出重大贡献，深知起义带来的灾难。但他对民众叛乱表示了理解，甚至可能会同情他们的动机。

---

① 大谷敏夫「包世臣の実学思想について〔付略年譜〕」『東洋史研究』28 (3)、1969、178 頁。

第五章　东方的经济自由主义？

本章讨论的主题是包世臣在19世纪的盐政改革中所扮演的角色，同时力图让我们跳出“二元历史观”，特别是摒弃西方发展与亚洲停滞、西方冲击与亚洲回应的研究模式，转而关注现代早期西欧与中国的政治共同点。正如法国历史学家詹姆斯·柯林斯（James Collins）所说：“15～18世纪，西欧地区的政体（Political Units）与欧亚大陆其他地方的政体有一些共同的基本结构特点，包括人口增长趋势、金银涌入，以及日益一体化的世界经济；同时面临着共同的挑战，首要的便是军事支出的增长。”在某种程度上，东西方政体的反应也有一些共同点，它们都出现了“更大的领土整合，……加强对国内文化的管控，以及征收更高的税”。①

对于现代早期的情况，似乎至少有两种不同形式的国家应对。西欧普遍的反应是“财政－军事国家”的崛起，迈克尔·卡瓦斯（Michael Kwass）将之描述为“一种可怕的野兽，

---

① James B. Collins, “State Building in Early-Modern Europe: The Case of France,” in *Beyond Binary Histories: Re-imagining Eurasia to c. 1830*, ed. Victor Lieberman (Ann Arbor: University of Michigan Press, 1997), p. 159. 类似的分析也可以参见 John F. Richards, “Early Modern India and World History,” *Journal of World History* 8. 2 (1997): 197－209.

通过史无前例规模的征税或借款来供养陆军，或在世界各地部署海军”。[①] 研究清朝的历史学者有时也会将清朝视为类似的财政－军事国家，但在笔者看来，这无法让人完全信服。在西欧之外，欧亚大陆似乎表现出另一种形式的早期现代化：陆地型多民族帝国，如俄国、奥斯曼帝国、莫卧儿帝国和清朝。正如罗友枝（Evelyn Rawski）和其他人所设想的那样，与明朝或明朝以前的中原王朝相比，清朝和同时代的欧亚帝国有着更多的共同特征：管理大规模领土和多民族人口的能力，利用由八旗、军机处和奏折制度组成新的行政管理方式，以及内务府为代表的财政体制。[②] 这两种政体都要求增强国家的财政汲取能力，特别是在清朝和法国，这些税收并不是针对人口或不动产，而是针对消费品。

罗友枝展示了“18 世纪消费革命”[③] 是如何受到法国政府极大地干预的。受影响最大的大宗商品是来自美洲新大陆的烟草，法国政府在 1674 年宣布对烟草实行垄断，并将烟草生意外包给了一家私营公司，即所谓的普通农场（General Farm）。南亚的印花布也面临同样的情况，法国政府基于贸易保护主义的考量，1686 年曾宣布禁止南亚印花布的进口，后来改为提高进口关税，并也由类似的“农场”经营。这些政府举措促

---

① Michael Kwass, *Contraband: Louis Mandrin and the Making of a Global Underground* (Cambridge, MA: Harvard University Press, 2014), pp. 41 - 42. “财政－军事国家”的经典研究是 John Brewer, *The Sinews of Power: War, Money, and the English State, 1688 - 1783* (Cambridge, MA: Harvard University Press, 1988).

② Evelyn S. Rawski, “The Qing Formation and the Early Modern Period,” in *The Qing Formation in World-Historical Time*, ed. Lynn A. Struve (Cambridge, MA: Harvard University Asia Center, 2004), pp. 207 - 241.

③ 罗友枝认为这是帝国和全球化的产物，而非工业化带来的。

使“走私市场迅猛增长”，罗友枝将这种影子经济[①]称为“全球化的阴暗面”。[②]

清朝的烟草和棉布都没有受到类似的国家垄断或贸易保护主义的影响。英国东印度公司和其他西方商人将南亚的棉花运入中国是完全合法的，而且关税适中，大多数人认为这对国内的手工棉织业不会造成严重的影响。新大陆的烟草是16世纪后期哥伦布大交换时引入中国的，中国烟草的本地生产替代进口的过程比欧洲更为成功，到清中期，中国消费的烟草主要来源于本地生产。众多的经世士大夫批评种植烟草浪费土地和金钱，并呼吁禁止种植烟草，但效果有限。[③]

与法国进口新大陆的烟草和南亚的棉布相比，与之相似的是清朝从南亚进口鸦片。在本书中，我们可以看到包世臣因财政和其他原因是怎样反对毒品的进口，有时甚至提出了一些不切实际的手段来限制流入。但由于对国家的多种危害，鸦片在某种程度上是非常特殊的，笔者在本章暂不涉及。

近代早期法国与清朝之间最相似的商品实际上是盐，食盐在两个国家都是本地生产，而且都属于生活必需品而非奢侈品，其生产和分配都由国家垄断。早在14世纪法国就开始对盐征税，但法国的第一种盐税（Gabelle）直到1547年才创立，罗友枝称之为“法国历史上最受憎恶的税种”，并成为17世纪之后民众叛乱的重要原因。值得注意的是，1790年3月

---

① 又称地下经济，指国家无法收税与监控的经济市场。——译者注

② Michael Kwass, *Contraband*: *Louis Mandrin and the Making of a Global Underground*, p. 9. 包世臣的担忧参见本书第七章。

③ 中国政府在大陆地区和台湾地区的烟草专卖，直到20世纪中叶才出现。参见 Carol Benedict, *Golden-Silk Smoke*: *A History of Tobacco in China*, *1550 - 2010* (Berkeley: University of California Press, 2011).

法国大革命时期，废除盐税被革命政权视为第一要务。实际上，在18世纪上半叶，启蒙知识分子一直对该项税收进行猛烈的抨击。他们提出了很多理由，其中最具说服力和深远意义的论点是，为了“自由贸易”或“经济自由主义”。①

从清朝士大夫对盐政日益激烈地攻击中，我们很容易发现相似的自由主义倾向，而且有些士大夫就是这样做的。② 然而，正如本章所揭示的，笔者认为这个问题会更加复杂。最重要的是，在19世纪早期，即使是对清朝盐政提出猛烈抨击的士大夫也深知国家面临内忧外患，在这种情况下，他们不可能直接成为反对清朝的自由主义者（Antistatist Liberals）。

盐政改革的呼声

盐政、漕运、河工构成了清朝的“三大政”。从公元前2世纪汉武帝时期开始，国家就宣布对食盐生产和分配进行垄断，唐代的改革家刘晏和宋代的改革家王安石重新恢复并改进了国家的盐政管理制度，到明初奠定了传统社会晚期盐政的基本形式。18世纪中叶被认为是盐政管理最有成效的阶段，每年可以为国家提供约900万两白银的财政收入。根据王业键的估算，盐税占清朝国家财政总收入的11.8%，在财政来源中仅次于田赋，位居第二。③ 盐政管理由一个混合型的皇商组织负责，现代学者对其在中国经济和政治发展中所扮演的角色有

---

① Kwass, *Contraband: Louis Mandrin and the Making of a Global Underground*, esp. pp. 287 - 288.

② Man-houng Lin, "Two Social Theories Revealed" and *China Upside Down*.

③ Yeh-chien Wang, *Land Taxation in Imperial China, 1750 - 1911* (Cambridge, MA: Harvard University Press, 1973), p. 72. 王业键的数据年份为1753年。

不同的看法。可能是研究盐商最杰出的学者，何炳棣将扬州盐商描述为一个具有早期“商业资本主义形式”的研究案例；佐伯富认为这是清朝“专制主义”的缩影，类似于现代早期欧洲的王朝体系，商人通过联盟对抗封建地主阶级。[①]

甚至在 18 世纪的“盛世”，盐的走私也一直非常活跃，盐政受到普遍的抵制，有时甚至是暴力的抵抗。如在 1718 年，一位叫余大麻子的盐贼在山东的城镇“公然开店”，售卖私盐，像官员一样恐吓当地百姓（虽然这些民众热切地购买他的私盐）。1736 年，兼管盐政的嵇曾筠报告，由于雨水过多破坏了运输网络，长江中下游城市盐价增昂，但由于大量私盐的涌入，当时盐价已经逐渐平减。尽管嵇曾筠希望盐价下降，但仍认为自己的责任是稽查走私。[②]

与漕运、河工一样，到 19 世纪初期，朝野上下都认为盐政出现了很大的问题。在国家面临内忧外患、亟须扩大财政收入的时候，官盐的销售额出现了明显下降，并导致财政收入受损。士大夫一致认为是因为私盐（清朝的影子经济）侵占了市场。由于盐政的腐败和管理不善，官盐价格远高于市场价，这既是和珅时代遗留下来的问题，也与盐政制度本身设计的结

① Ping-ti Ho, "The Salt Merchants of Yang-chou: A Study of Commercial Capitalism in Eighteenth-Century China," *Harvard Journal of Asiatic Studies* 17 (1954): 130－168；佐伯富「中国近世における独裁君主の 経済政策」『中国史研究 第 2』（東洋史研究叢刊）東洋史研究会、1971、61～74 頁。

② 中国人民大学清史研究所、档案系中国政治制度史教研室合编《康雍乾时期城乡人民反抗斗争资料》下册，中华书局，1979，第 555～558 页。关于食盐走私、镇压叛乱和武装起义对 20 世纪革命的影响，参见 Ralph A. Thaxton, Jr., *Salt of the Earth: The Political Origins of Peasant Protest and Communist Revolution in China* (Berkeley: University of California Press, 1997).

构性缺陷有关。正如曼素恩和孔飞力所指出：与漕运相比，盐政从政治角度来说更容易解决，盐政改革中遭受财产损失的是成千上万的走私商人；而在漕运改革中，遭受损失的是政府雇募的运丁水手。朝廷里还有一个权势集团想要从禁止走私中获利，这便是内务府。此外，盐的走私显然与秘密会社和其他社会叛乱有关，这些叛乱在苗民起义和白莲教起义之后，继续威胁着清朝的统治。因此，优柔寡断的道光帝通常不会同意盐政和漕运的改革方案。①

许多的改革建议，已经收入《皇朝经世文编》。② 时任两江总督陶澍，同时也兼管两淮盐政，他在1832～1833年对两淮盐区进行了根本性改革。两淮是清朝根据地理区位划分的盐区中收入最高的盐区，其任务是向扬州腹地分销食盐，分为淮南、淮北两个盐区。淮南盐区包括皖南、苏南、江西、湖北和湖南的大部分地区；淮北盐区包括豫南、皖北、苏北、鲁南的大部分地区。两淮盐务的生产和分销，大约由200个官商负责③，每个官商都持有一个或几个世袭许可证——“纲”。“纲”规定了可以运销食盐的数量、独有的销售范围，以及明确的运输路线和转运口岸。在通过口岸（其中最大的是汉口和南昌）时，食盐将被征税，并包装成更小的分量，这增加了额外的“浮费”，并最终导致零售价格的增高。每个盐商持有的纲都可以运销大量的食盐（共12000引，每引重量

① Susan Mann Jones and Philip A. Kuhn, "Dynastic Decline and the Roots of Rebellion," pp. 125 - 126, 140.

② 魏源、贺长龄编《皇朝经世文编》卷49～50。

③ 两淮盐商中被编入纲册者，又被称为窝商。——译者注

不超过 1000 磅)。[①]

为了解决官盐比私盐竞争力低的问题，陶澍首先考虑的是将盐税限制为单一的产地税，在商人向盐场购盐时征收。但盐的产地非常分散，他最终放弃了这种不切实际的方法。随后，他转而致力于尽可能地减少转运时的“浮费”，陶澍的办法是直接废除实行了百余年的纲引制度。[②] 这包括：（1）将官盐的销售范围扩大到任何能够获得盐引的商人，这些商人可以从家乡的知县那里获得票引（假定商人的家乡是某州县，但他们并非一定要将该地区作为销售地）；（2）允许这些私商购买“票引”，以获得少量的盐（低至十引以内，而以往平均是 12000 引）；（3）放宽对运输路线的限制，以实现更灵活和低成本的运输。根据墨子刻（Tomas Metzger）的研究，陶澍 1832 ~ 1833 年的改革“迅速而全面”地恢复了两淮盐场的销量和税收收入。

包世臣与两淮盐政改革

包世臣是怎样参与这项改革的？以往关于盐政改革的经典研究也和漕运改革的研究类似，只是将包世臣与这些改革间接地联系在一起。如果只是依据奏折的研究，则很可能忽视包世臣的存在。在佐伯富 1955 年关于陶澍改革的开创性论文和 1956 年出版的清代盐政研究专著里，都没有提到包

---

① 根据 *Matthews' Chinese-English Dictionary* (Cambridge, MA: Harvard University Press, 1954)，每 1 引盐重 6.75 石，每石等于 133.3 磅。根据这一标准，一引约等于 890.78 磅。

② 陶澍的两淮盐政改革，废除纲引，改为实行票盐法，实际上仅在淮北引地实行。——译者注

世臣。最近倪玉平对于两淮盐政改革的细致研究也一样没有涉及包世臣。1962 年，墨子刻引用《清朝名人传略》（出版于 1943 年）中的陶澍传记时，发现包世臣的贡献在于帮助陶澍理解了两淮盐政存在问题，但墨子刻没有指出包世臣对政策的具体影响。[①] 然而，最近出版的段超所著的陶澍研究中，已经能够逐条追溯陶澍是如何密切关注包世臣的建议。[②] 笔者阅读了包世臣的文章和信函后，也认为包世臣直接参与了这场盐政改革。

包世臣一生中关注的主要是如何解决盐政管理失调的问题，他将盐政改革视为从内忧外患中拯救清朝的唯一途径。在 1801 年写成的《说储》中，盐税是国家财政的摇钱树，为此他重建了清朝的财政体系。由于白莲教叛乱仍在持续（包世臣在前线待了几年后，刚回到江南），他努力寻找补救他认为引起叛乱的两大原因——官员腐败和税负过重。正如我们在本书第二章中看到的那样，他制定了同步实施的计划：提高官员和胥吏的薪俸，在他看来，低俸制导致官吏不得不剥削百姓；增加官府的公费支出，以满足行政需求；在全国范围内减免地丁漕粮。包世臣承认他的改革成本非常高，因此他建议相应的减少支出，并寻找其他新的收入来源。新财源包括历史上曾出现的商业资本税（捐纳），节流最重要的是裁革盐差，这样每

---

① 佐伯富『中国史研究 第2』、621～666 頁；佐伯富『清代塩政の研究』、東洋史研究会、1956；倪玉平：《清朝嘉道财政与社会》，第 276～311 页；Metzger, "T'ao Chu's Reform of the Huaipei Salt Monopoly (1831－1833)," *Papers on China* 16 (1962):1－39. 关于改革对淮南地区的影响，参见 William T. Rowe, Hankow: *Commerce and Society in a Chinese City, 1796－1889* (Stanford: Stanford University Press, 1984).

② 段超：《陶澍与嘉道经世思想研究》，第 178～184 页。

年按计划可以节省 460 万两白银。[1]

在《说储》一书中，包世臣对两淮盐政面临的危机进行了分析，并提出了一系列的解决方案，这些文章在 30 多年后的陶澍改革论战中得到重现。[2] 包世臣指出，当时官盐的平均售价为每斤 20 文，而私盐的价格不超过三四文。显然，官府和官商通过食盐剥削百姓，民众“冤不可胜言”。包世臣还声称，“盐徒”导致了官盐价格的畸高，他们拉帮结派，势力强大，政府无法禁绝。盐徒对国家和地方社会都造成了极大地伤害，并且没有人能够阻拦他们。

包世臣提出了三个简单但重要的方式来改变现状。第一，官盐从生产到分销的过程中，只能征收一次盐税。这项政策因不具可行性，最终被陶澍否决。但实际上包世臣也考虑到了可能的反对意见，在《说储》中他详细地阐述了这项政策怎样才能获得成功。第二，与陶澍最终采纳的改革方案相同，包世臣主张全面废除分区销售制度，并裁革盐政中臃肿的各级官僚机构，裁去服务于盐政的盐差和盐丁。应该让盐像米谷、食用油等商品一样，允许自由买卖和流通。这将消除走私的动力，减少官府对商人的骚扰，并取消当时对那些因为迫于生计而购买私盐的民众定罪。第三，包世臣建议取消少数官商对盐业的垄断，并将市场开放给希望进入该行业的无数小商贩。包世臣认为如果将此合法化，目前被视为“奸民”的走私者都将成为追求合法利益的“良商”。

在《说储》的盐政改革一章中，有两个方面非常有趣。

---

① 包世臣：《说储》，《包世臣全集》，第 182 页。

② 包世臣：《说储》，《包世臣全集》，第 184 ~ 185 页。包世臣指出他的论据主要来自两淮盐区，但他也意识到全国各盐区都存在相似的问题。

一是包世臣表现出在量化能力方面的早熟（尽管并非所有的数据都可靠），以及他对轻易就能恢复清朝财政状况的乐观态度，要是当时像包世臣这样的政策专家意识到这点就好了。包世臣指出1793年乾隆帝估算的清朝总人口是7亿，由于当时的战争，假如人口减少了30%，剩余的人口仍超过5亿。[①] 如果每人每年消费大约0.1石盐，整个清朝的食盐消费总量将超过5000万石。若政府征收25%的盐税，将会有1250万石。假设每石盐的价格为0.8两，那么每年就有1000万两的盐税收入，这是目前盐税收入的8倍。如果那些官员听从包世臣的建议，显然会取得更多的财政收入！

包世臣展示出来的第二个有趣方面是，他对刚刚在山西盐区实施的改革方案的思考。[②] 和包世臣所提出的建议一样，山西的盐政改革宣布盐是一种普通商品，可以根据市场规则在私人手上自由流通。山西的盐税被完全取消，政府在盐税方面的财政损失被摊入地丁。包世臣认为这是一个很有吸引力的解决方案：百姓的购盐支出至少降低了一半，而政府的财政收入没有减少，这项改革既利于国计也利于民生。但包世臣反对这一方案，他指出了两点原因：在“课摊丁地”之前，已经有了“丁银归田”，这使得土地所有者承担了所有人口的财政负担，可能导致民众放弃农业，成为流民，而这与国家的政策目标相背离。

包世臣对山西盐区改革方案提出的第二个反对意见更为重

---

① 正如本书第三章讨论的那样，当代历史人口统计学者认为这些清代的人口数据估算过高。白莲教和其他起义导致人口下降了30%的估算，似乎有夸大之嫌。

② 山西的改革即摊盐入地，取消盐税，将盐税摊入地丁。——译者注

要，这项政策执行的结果是山西北部地区食盐贸易私有化，导致从蒙古走私而来的“青盐”充斥山西市场。他认为：

> 内地之生财有数，蒙古之边盐无穷，盐入财出，岁数百万。备中国之物，悉险厄之路，贫弱内服，强富外藩，恐非计也。[1]

因此，包世臣建议立即禁止蒙古边盐的输入。在这段写于1801年的文字中，最引人注目的是包世臣直接表露出的贸易保护主义（反“自由”），以及他的早期民族主义思想（富强的对象是“中国”，而非“清”）。后来他在分析鸦片进口带来的经济弊端时，以及在鸦片战争时提出的抵抗侵略言论中，他的这一思想得到了延展。

包世臣的反思

虽然我们知道当时许多重要的学者和官员，都有机会在19世纪初读到包世臣《说储》的抄本，但不知道陶澍是否看过，无法确定《说储》是否直接影响了陶澍的两淮盐政改革。另一篇写于1820年的文章则与《说储》不同，这篇文章全面地陈述了包世臣的盐政改革计划。这篇文章收录在《庚辰杂著》，是他当年撰写的五篇系列文章之一，反映了他对政治经济等各种问题的看法。[2] 1825年，包世臣选择在

① 包世臣：《说储》，《包世臣全集》，第184页。

② 包世臣：《庚辰杂著五》，《包世臣全集》，第68~71页。

《中衢一勺》中收入这篇文章。[①] 如果陶澍没有看过这本文集，那他肯定在次年魏源和贺长龄主编的《皇朝经世文编》中看到过重印版。[②]

《庚辰杂著五》是一篇宏观的政治经济分析论文。包世臣首先注意到康熙初年的官方数据显示，两淮盐区内六个省的食盐消费人口总数就超过了 200 万（可能是“户”）。在随后的一个半世纪，人口稳定增长，因此可以放心的假设当时人口超过了 350 万（户）。包世臣指出许多盐政官员将走私问题归咎于官盐配额未能满足日益增长的消费需求，但他认为这样的分析过于简单化。实际上，走私分为多种类型（包世臣记述了其中的 11 种），罪魁祸首大多数是官商，而非私人走私者。官方规定官商运销每引的重量为 364 斤，[③] 但实际运作中这个数量超过 500 斤，包世臣认为这是官商夹带的走私。官商在分配和销售的过程中同样是这样，根本没有遵循额引的规定。此外还有其他盐区的私盐流入属于淮盐区的州县：山西的池盐流入鄂西北，四川的井盐流入鄂西，广东的粤盐和福建的盐流入赣南，浙江的盐流入江苏，等等。此外，漕船经运河将漕粮、贡品运往北京，回空的漕船在天津购买长芦盐，并运到两淮盐区出售。[④] 最后，包世臣指出各转运口岸的监督将巡获的私盐，

---

① 包世臣在《中衢一勺》的附录序言中介绍该书为一本文集，《包世臣全集》，1993，第 8 ~ 10 页。

② 《皇朝经世文编》卷 49，第 11 ~ 14 页。《皇朝经世文编》收入的只是 1820 年版本的节选部分，并重新命名为《淮盐三策》。

③ “近时正引，节次加斤，至三百六十四斤。”《包世臣全集》，1993，第 69 页。似应为 364 斤。——译者注

④ 长芦盐区的价格低于两淮盐区，导致乾隆以后漕船夹带私盐南下的情况非常普遍。——译者注

当作“功盐”售卖以谋求私利，这些私盐都导致了两淮盐区盐税收入的流失。

随后，包世臣对走私组织的成员结构和地理分布做了详细的分析。他将这种方法用于解释为什么这些以前老实的船户会参与走私贸易。以往参与官方贸易的船只，根据大小可以运载1000～3000引，并且每年可以运输两三次。由于获利丰厚，他们也就没有走私的想法。然而，此时每年合法的运输只有两次，每次额定300～800引。此外，虽然运输一引支付给水手的水脚银保持不变，但近年来交给埠头的抽分增加了四倍。加上官府的其他压榨，使得船户的利润大为下降，他们别无选择，只能直接从事走私或与盐枭合作。“大仗头”作为盐枭的头目，策划了整个活动。随着两淮盐税收入的减少，管理两淮盐政的官员只能选择增加更繁重的非法杂费，因此包世臣认为两淮盐区运行得很好，只是因为官方垄断导致盐税没有增长。

在提出他对两淮盐区重新划分组合的根本性改革方案之前，包世臣驳斥了前人提出的对该问题的零星解决方案。包世臣于1820年提出的改革方案，看起来与陶澍十几年后实施的改革极为相似。包世臣指出希望盐的分销体制，能仿照当时铁、硝的销售制度。实际上，包世臣是希望盐成为政府监管的商品，而不是直接由政府垄断。包世臣希望裁革“大小管盐官吏，不立商垣，不分畛域”，普通商贩从本地州县领取印照，需要交费后才能获得购买食盐的权利。然后可以前往产地购买食盐，并预先交纳正课。包世臣认为，由于销售地的距离远近等原因，正课不能统一规定，应根据标准化的成本表进行评估。在运输途中重新分装和检查等，都不会增加浮费。

包世臣指出这将带来多方面的收益。销售给百姓的食盐成本将减少多达 50%，因此官盐可以更好地与私盐竞争，政府的盐税收入也将能够足额征收。正税之外收取的杂费，即当地盐丁征收的陋规，将作为额外收益分配给州县作为公费，而不是像现在直接进入中层官僚的腰包。最后，这项改革将减少失业人员，因为贩运私盐的枭徒将变为合法的商贩，转而从事有利可图的合法贸易。

在漕运方面，包世臣主张增加专业的从业者，地方政府退出漕运管理。与漕运改革相反，在盐政方面，包世臣的改革建议是裁去专门的盐政衙门，并更多地依赖地方官吏的参与。因此，这也是不能将包世臣的改革简单的归为“私有化”或“经济自由主义”的另一个原因。

如果 1820 年刊行的《庚辰杂著五》，如笔者所认为的那样为两淮盐政改革提供了蓝图，那么包世臣将会更直接地卷入十余年后的改革。1830 年，户部向道光帝上呈了一份奏折，希望两淮盐区改为“民运民销”。道光帝下令奏报人户部尚书王鼎和户部右侍郎宝兴会同协商，并前往南京与两江总督陶澍商讨相关细节。为了应对户部官员的到来，陶澍向产盐区派去了一位“亲信”调查相关的情况。[①] 包世臣告诉我们，这位“亲信”在前往产盐区之前，曾阅读过他的盐政改革文章，尽管对某些措施持怀疑态度，但已经接受了他提出的基本想法。经过反复磋商，包世臣在 1830 ~ 1831 年的冬天准备了一份多达 25 条建议的详细改革方案，这可能是为了吸引两江总督陶澍的注意。[②]

① 这位亲信很可能是魏源。

② 包世臣：《代议改淮鹾条略》，《包世臣全集》，1993，第 163 ~ 169 页。同样参见 Metzger, “T'ao Chu's Reform,” p. 5.

1820 年时，包世臣希望食盐贸易能够仿照政府管制下的铁、硝贸易。与之相比，到 1830 年时他宣称希望食盐能够像米谷那样自由贸易，这说明包世臣的新建议是希望能够更加彻底地"解散盐禁"。一个潜在的盐商，首先需要前往盐运司支付所有的盐税，纳课后盐商将获得"票"，[①] 然后就可以去盐场购买票面规定数量的盐。盐以更小的重量单位"斤"出售给商人，以便让那些资本很少的小商贩也能够进入这项贸易。限定的路线完全取消，市场开放给全部商人。由于当时正在讨论漕粮由河运改为海运，包世臣提议盐的运销也同样可以适当地采用海运。淮南、淮北的行政划分将被废除，汉口、南昌两大转运口岸的衙门也将裁撤。取消对运盐船只类型和尺寸的管制，允许商人使用符合他们需要的任何船只。同时包世臣明确提出要取消现行的盐船只能运盐的规定，货物可以和食盐混运，这些完全由市场决定。

为了避免听起来包世臣只是希望建立自由放任的政治经济，我们需要关注 25 条建议中的其他内容。例如，他意识到当时很多从事烦琐工作的老幼妇孺，都会因改革而失业，他认为官府有责任尽可能地为他们提供新工作，给予那些无家可归的人粮食和住所。同时，他了解到以往官府将本金交给盐商赚取利息，并将所得利息用于捐助慈善（义仓、育婴堂、普济堂、老人堂、救生船）和公共工程（主要是河工），他认为官

① 这是笔者第一次看到包世臣使用"票"这个词，"票引"是后来用来描述陶澍盐政改革的词汇，但尚不确定这个词是源于包世臣、陶澍，还是其他人。

府必须替代盐商承担这些责任。[①] 从包世臣的文章来看，他致力于从细节上讨论如何实现盐政改革的目标，显然他不认为这些事务仅是另一些商人的责任，政府也需要提供服务。

包世臣认识到，开放食盐市场将会带来商人之间的新竞争（中卖）。值得注意的是，包世臣认为竞争并不会直接带来收益，也不会提高市场运行效率，竞争只是一种可以控制供需失调的方法。新旧盐商之间存在竞争，盐商为了降低运输成本，必然会争夺那些邻近产灶的市场。包世臣不会立法禁止盐商将盐销往限定盐区之外的州县，相反他希望通过激励措施来管理商人。商人的票引，作为预先支付盐税的凭证，可以免除货物运输过程中的额外税收，但规定了前往特定盐区的运输路线。如果盐商选择在其他州县的市场销售，将要承担相应的税负，这样可能使得该盐商无法与当地盐区的商人相竞争。

换句话说，包世臣的方法介于完全开放的自由市场和严格监管的管制市场之间。在他讨论新制度运行中可能出现的问题时，也能看出这点：商人积压或延期销售食盐，通过减少供应促使盐价上涨。和之前许多寻求解决粮价上涨问题的官员一样，包世臣强烈谴责这种行为，但又无法将这些商人定罪，而仅能视为商人逐利的市场行为。只有当这种囤积居奇的行为发展成“把持”贸易时，官府才能通过没收或刑事处罚的方式进行干预。

关于包世臣参与两淮盐政改革的最后记载，出现于1834年改革实施后。[②] 包世臣获悉了两江总督陶澍与户部右侍郎宝

---

① 具体是要官府向商人加收捐税，“酌加捐款每斤银若干，令买客带纳，以绵善举”。《包世臣全集》，1993，第165页。——译者注

② 包世臣：《上陶宫保书》，《包世臣全集》，1993，第174~179页。

兴的通信，因此针对他们的讨论进行了详细的分析，并寄信给陶澍。信中就如何清除新制度中留有的障碍，以及运销中各阶段如何更好地管控盐价、成本和税收提出了解决办法。每个阶段的价格应该前后合理，包世臣将之视为市场是否被“把持”的依据。换句话说，包世臣绝不会放任让市场自由分配食盐。相反，他的目标是利用国家的影响确保公平的分摊成本，从而使各方在生产和分销过程中获利，在降低消费者成本的同时，保证国家的盐税收入。

盐政与清朝

正如我们所看到的那样，包世臣参与两淮盐政改革，比许多早期学者认为的更加深入，这有助于我们更广泛地了解 19 世纪早期清朝改革中的一些重大问题。像大多数其他改革者一样，包世臣认为清朝处于危机之中，但他认为危机的表现和原因是什么？他怎样看待危机能否解决？在这个过程中，清朝的根基需要多大程度的改变？他在拯救清朝方面表现得有多乐观？他的改革旨在保护哪些社会和政治阶层的利益？

包世臣盐政问题的思想基础是，将盐视为一种公共资源，即“天地之藏”。应该让交易中的各方都受益（对包世臣而言，利是符合道德的正当追求），这些利益包括百姓对食盐的需求（民食）。当包世臣谈到“利民”时，他对“民”进行了怎样的界定？我们在他对山西摊盐入地的讨论中已经看到，他特别关心那些交纳地丁的土地所有者的利益。现代历史学者时常将包世臣评价为“封建地主阶级”，从某种意义上来说，这种观点并非没有道理。他也亲历了白莲教起义带来的灾难，尽管起义本身是他讨厌的事情，但他和嘉庆帝一样，将起义视为官逼民反的结果。因此，当包世臣在盐政改革中表现出对“齐民”利益的关心，我们没有理由不相信他是真心的。

包世臣认为私营商业是分配这种公共产品最有效的方式，这样有利于公平的分摊成本，市场化是包世臣盐政改革的核心。当时的盐税存在内在的问题，在官商拥有压倒性优势的情况下，它会使商人的利益与消费者的利益相背离。包世臣认为这种利益竞争是完全没有必要的。经过适当改良的制度，既能满足消费者的需求，同时也能“安商心”，提高商人的动力。

对于国家的利益也是如此，与危机时刻的其他财政体制一样，盐政展现出“与民争利之弊症”，[①] 这是包世臣不希望看到的。包世臣成长于贪腐盛行的和珅时期，相比于乾隆朝，当时国库面临着更为严重的亏空，包世臣比清中期的官员对国家财政收入（国计）更为谨慎。实际上，可能有人认为“为国敛财”是包世臣的第一要务，然而他反复强调在盐政改革的同时，要兼顾国家和社会的利益，百姓的利益也是国家的利益。没有理由怀疑他这种信念的真实性。

包世臣关注的最后一个问题是经济的健康运行，这涉及商品流通地自由和贸易限制地消除（把持）。他的改革希望将盐税整合起来，实际上是为了限制盐税膨胀。与清中前期的许多士大夫、官员一样，包世臣认为繁荣的商品经济是“生财之大道”。[②]

然而即便如此，也不能将包世臣的思想等同于西方现代早期的自由主义经济思想。清代的政治经济中，肯定存在相对不受制度约束的国内商品流通，特别是粮食贸易，但这似乎不能

---

① 包世臣：《说储》，《包世臣全集》，第 182 页。

② 包世臣：《说储》，《包世臣全集》，第 182 页。

像西方那样被视为“自由经济”。[1] 值得注意的是，在笔者的认知中，包世臣的盐政改革建议中既从未提到过盐业垄断，也没有提到过自由放任。实际上，国家并非问题的根源，而是他担忧的核心。包世臣认为在当时状态下，国家是最大的输家：消费者获得了食盐（虽然付出了沉重的代价），商人赚取了利润（尽管是通过走私），国家本该获得的收益却消失了。其次，虽然开放了交易、市场和运输路线，但包世臣的改革建议中仍包含着详细的甚至是苛刻的监管规定。对包世臣来说，国家仍然发挥着家长式的作用，对包括国家利益在内的各方进行监管和裁定。正如许多 19 世纪的经世士大夫一样，包世臣最显著的特征是保持着乐观主义的态度，经过仔细思考和深入观察，在保留旧体制的前提下，他认为可以找到满足各方利益的解决方法。

---

① 关于这一思想的研究，参见 Helen Dunstan, *State or Merchant? Political Economy and Political Process in 1740s China* (Cambridge, MA: Harvard University Asia Center, 2006).

第六章　主权货币方案的出现

1830 年代，另一位江南士大夫王鎏提出了一系列的纸币发行草案，其详细建议收入在 1837 年刊刻的《钱币刍言》。[1] 尽管时人已经认识到纸币在历史上带来的灾难，但王鎏的提议还是引起了许多政治家的广泛讨论，其中包世臣可能是最专业和最具影响力的一位。

尽管包世臣是一位坚定的农本主义者，但他认为农业的商业化是十分必要的。早在 1801 年，在《说储》的下篇中，包世臣详细探讨了经济作物种植、丝织业、林业和畜牧业对农业经济的贡献。[2] 在包世臣看来，钱法属于经济的“末”，但构成了粮食种植这项本业的必要组成部分。[3] 包世臣一直对纸币作为货币媒介的相对效用和价值非常敏感，本章通过仔细研读王鎏和包世臣关于钱法的论著，以探讨道光时代的经济运行中，通过政府政策塑造经济模式的可能性、海洋贸易

---

① 王鎏：《钱币刍言》（1837），《续修四库全书》，第 838 册，上海古籍出版社，1995，第 599 ~ 665 页。

② 包世臣：《农政》，《包世臣全集》，第 189 ~ 208 页。

③ 包世臣：《庚辰杂著二》，《包世臣全集》，第 212 页。

的作用、与欧洲贸易伙伴的关系，以及清朝政体的性质等问题。[①]

白银、鸦片与道光萧条

清代继承了明代银钱并行的货币体系，市场上流通的是没有成为铸币的称量白银，以“两”为单位，及由铜合金铸成的制钱，以“文”为单位。虽然1000文钱（一串）价值一两白银，但晚明时期的灾难性经历使得清政府认识到，强行维持1∶1000或其他比率的银钱比价，都只会适得其反。取而代之，清政府希望维持不同时段、不同地域铜钱市场的稳定，但这只获得了部分的成功。在17世纪晚期，银价较高，银钱比价普遍超过1∶1000，但到18世纪初期，铜钱价格上涨，通常是1∶700或1∶800。这种情况到1780年代后期发生变化，1∶1000变得普遍，到19世纪银价快速上升。[②] 如在山西省，银钱比

---

① 王鎏的建议及相关讨论的细节可以参见Man-houng Lin, *China Upside Down*。这是一本令人印象深刻且广受争议的著作，书中的很多观点我都赞同，但也有一些不同意见。本章的研究得益于与林满红博士关于这些问题的几次交谈。

② 相关研究的文献非常多，彭信威开创了经典研究（《中国货币史》，上海人民出版社1965年重印）。也可以参考陈昭南《雍正乾隆年间的银钱比价变动》，“中国学术著作资助委员会”，1966；黒田明伸「乾隆の銭貴」『東洋史研究』45（4）、1987、58～89頁；黒田明伸「清代銀銭2貨制の構造とその崩壊」『社会経済史学』57（2）、1992、93～125頁；Endymion P. Wilkinson, *Studies in Chinese Price History* (New York: Garland Press, 1980); Hans Ulrich Vogel, "Chinese Central Monetary Poloicy, 1644 – 1800," *Late Imperial China* 8.2 (1987): 1 – 52; Richard von Glahn, *Fountain of Fortune: Money and Monetary Policy in China, 1000 – 1700* (Berkeley: University of California Press, 1996). 关于笔者对该问题的研究，参见Rowe, "Provincial Monetary Practice in Eighteenth-Century China," in *Chinese Handicraft Regulations of the Eighteenth Century*, ed. Christine Möll-Murata, Song Jianze, and

价在1758年为1∶730，到1846年增长到1∶1800。① 在包世臣担任知县的江西新喻县，1839年的银钱比价为1∶1600，但税使通常要求百姓按照1∶2000交税。②

晚清银价的上涨，是清朝在对外贸易中国际收支转变的结果，大多数历史学者都将之归因于清朝无法通过商品出口来抵消鸦片的大量进口。16～18世纪，中国是世界上最大的白银流入国，直到19世纪的第一个十年仍然大约有价值2800万美元的白银净流入中国。然而1828～1836年，国际收支发生了巨大的逆转，净流出的白银大约价值3600万美元。货币体系破坏，银根变得紧缺，富户选择囤积白银，导致国内市场进一步恶化，这是出现道光萧条的重要原因。国家税收减少，维持行政运作的实际成本提高，导致基础设施建设的衰退，信贷危机使得许多本土钱庄倒闭。成本增加和价格下降导致手工业衰落，雇佣工作机会减少，失业率上升。农产品的价格下跌，农民在收入和支出之间经历着“剪刀差”。对于使用铜钱的小农来说，实际的税负迅速增长。贫富差距进一步扩大，并因此引发了此起彼伏的叛乱。③

近年有些学者对鸦片进口是否是白银短缺的主要原因，或者说是否存在白银短缺问题提出了商榷。如贺力平计算发现，

Hans Ulrich Vogel (Munich: Iudicium, 2005), pp. 347－371.

① Vogel, “Chinese Central Monetary Policy,” p. 27.

② 胡朴安：《包慎伯先生年谱》，《包世臣全集》，第237页。

③ 对银钱比价的长期影响进行分析的是彭泽益（《十九世纪后半期中国的财政和经济》，人民出版社，1983，第24～71页）。另见 Ramon H. Myers, *The Chinese Economy: Past and Present* (Belmont, CA: Wadsworth, 1987), pp. 72－74; Jones and Kuhn, “Dynastic Decline,” pp. 128－131; 濱下武志『中国近代経済史研究』、東京大学出版会、1989、57～58頁。

因鸦片贸易引起的白银外流至多占清朝白银存量的3.6%～6.7%，不太可能对银钱比价产生如此大的影响。[①] 邓钢（Kent G. Deng）承认清朝在1800年左右开始出现白银外流，并同意鸦片进口在这一进程中的作用，但他注意到白银流入并没有其他学者所说的那么多，在明清经济繁荣时期，铜钱比白银更为重要，因此19世纪的"白银危机"比通常所认为的破坏性要小得多。[②] 林满红强调白银流出的灾难性破坏，但她也指出，1850年之后鸦片的进口量甚至超过了道光时期，清朝再次出现了白银净流入。她认为是因为墨西哥革命导致世界市场对中国商品的需求下降，以及全球白银短期减产，导致了中国的白银外流。[③] 亚历杭·伊罗金（Alejandra Irigoin）对西班牙美洲殖民地的政治叛乱影响进行了定量分析，他认为清朝白银的外流开始于1820年代后期。在此之前，英国商人通过鸦片贸易赚取白银，但这些流出白银由美国商人进口的银币得以补充。[④]

万志英和林满红都想要淡化鸦片进口对白银外流的影响，但对于白银外流的原因，两位学者各执一词。万志英认为清朝的白银外流始于1834年，当时墨西哥的白银生产已经从1810～1825年的政治叛乱中恢复过来。和伊罗金一样，万志

① 贺力平：《鸦片贸易与白银外流关系之再检讨——兼论国内货币供给与对外贸易关系的历史演变》，《社会科学战线》2007年第1期。

② Kent G. Deng, "Miracle or Mirage? Foreign Silver, China's Economy, and Globalization from the Sixteenth to the Nineteenth Centuries," *Pacific Economic Review* 13.3 (2008): 320 - 358.

③ Lin, *China Upside Down*, chap. 2.

④ Alejandra Irigoin, "The End of a Silver Era: The Consequences of the Breakdown of the Spanish Peso Standard in China and the United States, 1780s - 1850s," *Journal of World History* 20.2 (2009): 207 - 243.

英也注意到了美国的重要性。19 世纪早期美国是墨西哥白银最大的输入国，其中很大一部分是为了支付从中国进口的商品。但到了 1834 年，因为想要得到黄金，美国减少了白银输入，美国商人采用类似于 1810 年东印度公司的方式，以汇票作为从中国进口商品的支付手段。由于没有了白银的持续进口，清朝突然变成了白银的净流出国。①

无论今天的历史学者如何看待道光萧条背后的原因，然而当时的清代学者因为受限于时间和空间，几乎普遍地认为“银荒”的原因是鸦片进口。② 包世臣是这一观点重要的、也可能是最有影响力的传播者。1820 年他计算出清朝每年购买鸦片所花费的白银高达 1 亿两，并认为这是银贵钱贱的主要原因。③ 而且如本书第三章所述的，1839 年包世臣对银荒的影响做了最尖锐的探讨，从定量的角度分析了兑换比例的变化是如何影响农村纳税人，并导致了社会的不稳定，正如他在新喻刚刚经历的农民集体抗税一样。④ 包世臣和王鎏都建议引入纸币，作为解决银荒和鸦片问题的方案之一。

中国历史上的纸币

纸币在中国有着悠久的历史。根据万志英的研究，中国人

---

① Richard von Glahn, "Foreign Silver Coins in the Market Culture of Nineteenth Century China," *International Journal of Asian Studies* 4. 1 (2007): 61 - 62.

② 在 1838 年关于鸦片问题全国讨论的档案中，黄爵滋估计 1823 ~ 1834 年广州进口的鸦片导致了 1700 万 ~ 1800 万两的白银流出，1831 ~ 1834 年则超过了 2000 万两，1834 ~ 1837 年超过 3000 万两。道光朝《筹办夷务始末》第 2 册，故宫博物院，1929，第 5 页。

③ 包世臣：《庚辰杂著二》，《包世臣全集》，第 212 页。

④ 包世臣：《银荒小补说》，《包世臣全集》，第 228 ~ 230 页。

一直认为货币是“法定货币”（fiat money），货币体现的是皇帝的特权，由国家规定价值。这与欧洲流行的金属货币主义相反，欧洲人认为货币的价值由其金属含量决定。万志英认为，这种差异使得南宋时期，中国成功地在世界上首次发行了纸币，这比欧洲早了几个世纪。这种纸币可以兑换铜钱，有固定的到期日。然而在成功的流通了几十年后，宋朝政府为利益所诱，滥发纸币，导致纸币贬值并最终退出流通。这一情况在金国、元朝相继重现，先是引入纸币，以满足市场需求或替换铜钱，但最终都因通货膨胀而失败。①

1375 年，明太祖发行大明宝钞，在最初的 15 年也获得了成功。但纸币每次都是最初能够被民众接受，之后却退出流通。万志英认为主要原因是朝廷不愿意使之成为可兑换贵金属的货币。学者型官员丘濬，在 1487 年刊行的《大学衍义补》中反复强调政府调控的重要性，认为宝钞应该是国家货币体系的一部分，国家应该进行规范，并提供金属货币用于兑换。②明朝末期，面对银钱比价的恶化以及财政危机的加剧，一些改革派士大夫，如徐光启、陈子龙、钱谦益和陆世仪提出了一个纸币方案作为补救。但保守派通过回顾明宣宗时期宝钞壅塞带来的恶果，使得纸币提议没有实行。③ 清朝在 1651 年发行了少量的钞贯（以铜钱计价的纸币），以帮助清政府巩固对江南和沿海地区的控制，但在十年后该政策就被废止。④ 在清中期

---

① Von Glahn, *Fountain of Fortune*, pp. 56 – 61, 71 – 74.

② Von Glahn, *Fountain of Fortune*, pp. 80 – 82.

③ 王鎏：《先正名言》，《钱币刍言》，第 19 ~ 37 页；von Glahn, *Fountain of Fortune*, pp. 197 – 206.

④ 彭信威：《中国货币史》，第 807 页；Lin, *China Upside Down*, p. 40.

的“盛世”，很少关于发行纸币的讨论。

这种情况在19世纪出现银荒后发生了巨大的改变，纸币问题再次成为士大夫关注的焦点。最著名的例子是浙江籍的进士蔡之定，他官居翰林院编修，在1814年提出可以大量发行纸币。由于对之前纸币发行失败历史的置若罔闻，蔡之定被罢官，他的政治生涯也走到了尽头。如果要在短期内继续推行纸币，那么倡议者必须更加谨慎，并做好更充足的功课。王鎏显然已经吸取了蔡之定的教训。①

王鎏及其提议

王鎏（1786～1843），江苏吴县人，只取得了生员资格，未曾任官，作为一名考据学家，他以谦逊的风范赢得了广泛的尊重。② 王鎏家族中曾有几位高官对货币问题有浓厚兴趣，王鎏延续了这种风格，为《钱币刍言》钻研了近三十年。王鎏的父亲对1814年蔡之定的提议进行了研究，希望确保他的家族不会提出类似的倡议，也不会遭遇同样的命运。1828年，王鎏在北京展示了《钱币刍言》的初稿，获得了许多的赞誉，这些积极的回复，给了王鎏刊刻它的勇气。但王氏宗族的族长仍然不赞成这项工作，并命令他将刻板毁掉。经过十年的研究和修改，王鎏将该书寄给其他权威专家润色，包括著名的包世臣，最终在1837年刊印了《钱币刍言》。由于该书提出了大胆的建议，为了提前做好防备，王鎏、包世臣等学者对初稿进

---

① 王鎏：《目录》《钱钞议一》，《钱币刍言》；彭信威《中国货币史》，第808页；《中国人名大字典》，第156页。

② 《中国人名大字典》，第156页。

行了大量的删改。[①] 事实上，王鎏对每个方面都做了细致且全面的研究。他回顾了以往纸币发行的大量细节问题，分析其成败的原因。他还附上了以前对该问题讨论的基本史料，包括宋代的七篇、元代的两篇、明代的八篇和清代的四篇。[②]

根据对纸币历史的研究，王鎏认为纸币在很多领域都取得过成功，包括盐政、军饷、河工和劝垦荒地。在他看来，明初的宝钞是非常成功的，但因为朝廷选择以白银作为货币媒介，导致最终放弃了宝钞。清初的钞贯同样是成功的，他坚持认为朝廷放弃纸币，是因为没有认识到纸币的成功历史。王鎏认为过去纸币的失败，要么是因为对纸币理解不充分，要么是因为没有将纸币作为多元交换媒介的一部分，并提供多种可兑换的货币。王鎏在他的书中正是要提供这样全面的政策建议。[③]

尽管王鎏并非反抗主义者，但他在《钱币刍言》开篇中，就对当时政权贪得无厌式的货币政策进行了尖锐的批评，他指出君主的利益凌驾于百姓的利益之上。这导致货币政策从开始就注定了失败，因为“但有足民之事，更无足君之事，必民足而后君足，犹子孙富而父母未有贫焉”。

朝廷宣称将实行减赋，以促进农业的发展和经济的增长，但由于户部无法很好地管理货币系统，所有的工作都白费了。王鎏总结了货币政策失败的五点原因：“盖自毁钱为器，起于工匠，而利权一失矣；外洋钱币，行于中国，而利权再失矣；银价低昂，操于商贾，而利权三失矣；铅钱私铸，窃于奸民，而利权四失矣；钱票会券，出于富户，而利权五失矣。”

---

① 王鎏：《目录》《友朋赠答》，《钱币刍言》；Lin，*China Upside Down*，p. 148.

② 王鎏：《钱币刍言》，第 19 ~ 37 页。

③ 王鎏：《钱钞议一》《钱钞议二》《钱钞议三》，《钱币刍言》。

对于这个问题，王鎏提出了自己的解决方案。简单来说，政府发行两种新货币。一种是纸币，作为国家最大面值的货币，将与白银和铜钱并行；另一种是大钱，大钱的面值与实际含铜量分离，成为纸币与铜钱之间的媒介货币。

王鎏长篇大论地极力宣扬政府发行纸币的优点。王鎏回顾了明末户部侍郎倪元璐提出的发行宝钞的十便，并将之增加至22点。[①] 笔者根据王鎏提出的优点，将他的主张归纳为三个方面：便于使用、弹性供给、民族主义。这里先集中讨论前两点。

纸币便于使用是最不存在争议的，王鎏引用倪元璐的观点，强调纸币相较于银两、铜钱，质量更轻，便于储存、携带和隐藏，这样可以防止被窃。纸币便于跨区域通行，从而可以促进全国的商品流通。由国家统一标准的纸币，省去了跨区域旅行或交易中的银钱兑换，百货流通的障碍将会减少。对于银铜纯度的担忧将被消除，此外不再以白银的重量作为价值标准，既提高了效率，又消除了熔铸工匠偷窃的机会。王鎏提出的纸币具有标准的价值，这将阻止衙门书役利用兑换比率的差异进行敲诈勒索。同样的，由于税收的奏销和征收均使用纸币，这便能废除对百姓加征的火耗。此外，王鎏认为当时的三大政问题（河工、漕运、盐政），一旦使用单一的、标准化的纸币，都将迎刃而解。

关于纸币弹性发行的优势，王鎏似乎过于乐观。他写道："凡他物为币者皆有尽，惟钞无尽，造百万即百万，造千万即

---

① 王鎏：《钱钞议一》，《钱币刍言》。关于晚明时期倪元璐的纸币主张，参见 von Glahn, *Fountain of Fortune*, pp. 205 – 206.

千万，则操不涸之财源。”① 特别是与白银相比，世界上白银的供应是有限的，随着进口的增加清朝已经非常依赖白银。有了纸币后，粮食问题的处理将会变得更为简单。赈灾将不再需要勒令地方富户捐输，直接发行赈灾所需数额的纸币即可！一旦纸币使得“国计大裕”，就可以废止卖官鬻爵的捐纳制度。最终国家手中拥有无尽的货币，可以用于资助兴修水利、土地开垦和其他公共事业，从而促进经济发展和创造谋生机会。

当人们关注王鎏的纸币与当时流通的铜钱、白银的关系时，他的货币政策变得更加清晰，也更加独特。王鎏指出，新发行的纸币与铜钱并行，并可以互相兑换。和之前的许多人一样，他希望限制普通民众使用铜，但不是完全禁止，如乐器、锁、纽扣等民间日用的物品仍可以用铜制造。打造铜器的店铺将被关闭，但那些销售特殊用途的铜器商店仍可以继续营业。关于执行的问题，王鎏的政策有些模棱两可，他反复强调“严禁”使用铜器，但他又坚持认为不以铸造货币为目的而使用铜器将不会被定罪，因为如果通过立法定罪，将成为衙役骚扰百姓的借口。王鎏政策建议的关键步骤是让政府在市场上设置“铜局”。一旦纸币发行（并且他坚持首先发行），随即设置铜局，按两倍的市价用纸币购买市场上的铜器，这样的高价很难被拒绝。回购的铜可以用于铸造铜钱，或是铸造王鎏希望发行的大钱。换言之，新纸币政策将实现其他人多年来想达成的目标：防止熔化铜钱用于其他用途，将现有的铜器转为额外

---

① 王鎏：《钱钞议一》，《钱币刍言》。

的铜钱，这样可以平抑畸高的银钱比价。[①]

王鎏希望纸币像兑换铜钱一样，也可以兑换白银，但他对铜和银的态度几乎相反。王鎏并不想禁止民间使用银器，而是像他的前辈一样，他希望白银不再充当货币。让白银退出流通，无须像收购铜器一样设立官方的“局”，而是依靠在各个商业市镇上本来就存在的钱庄。[②] 王鎏希望禁止这些钱庄私自发行汇票和钱票，取而代之的是使用政府新发行的纸币。钱庄将会用纸币收购白银，收购价高于市场价的1%（这一优惠价格将由政府补贴，此外还将付给钱庄适当的利润）。但政府的补贴一直在降低，一两年后，一旦官方纸币在经济流通中成为主流，补贴将降至0.5%；再过两年，以银换钞的补贴将完全取消。在王鎏看来，到那时纸币显而易见的优越性将自然地使剩余的银两退出市场（“自止”“自废”），因此无须处罚使用银两的人。但是，如果五至十年后，仍在市场流通中发现有人使用银两，这些银两将被没收；持有者只能得到市场价50%的补偿，但不会受到刑事处罚。[③]

王鎏对清朝经济接受纸币的流通持乐观态度，同时他也表现出非常重视纸币的可操作性。他的文章充满了纸币制造和引进方式的细节介绍，以及防止纸币失败和滥用的保障措施。[④] 为什么纸币在历史上失败了很多次，而此时却能被民众接受？历史经验为王鎏的研究提供了借鉴，他认为一方面是系统地学

---

① 王鎏：《钱钞议一》《钱钞议二》，《钱币刍言》。

② 关于钱庄的研究，参见 Susan Mann Jones，“Finance in Ningpo：The ‘Ch’ien Chuang，’ 1750 - 1880，” in *Economic Organization in Chinese Society*，ed. W. E. Willmott（Stanford：Stanford University Press，1972），pp. 37 - 77.

③ 王鎏：《钱钞条目》，《钱币刍言》。

④ 下文将参考王鎏《钱钞议》《钱钞条目》，《钱币刍言》。

习了历史上的错误教训，另一方面是当时与以前有很多的不同，我们显然生活在一个新的全球性、多国家的世界，这点将在下文提到。除了在铜局中兑换铜器，纸币也将作为官俸和军饷发放，但最初会多给一些，以帮助收到纸币的人减少将纸币进一步流通的困难。在发行前，应该明确这些钱币可以用于交纳田赋和关税。正因为政府在征税时不愿意接受官方发行的纸币，前几朝的纸币试验都注定要失败。

王鎏将纸币分为七种面额：大钞分为 1000 串和 500 串，中钞分为 100 串和 50 串，小钞分为 10 串、3 串和 1 串。大钱则由低面值的 100 文和 10 文构成。可能有批评者提出，过去没有如此大面额的货币，为什么现在要发行？王鎏的回应是因为当时市场上接纳了外国的银币和中国钱庄的银票，说明国内经济存在对大面额货币的需求。事实上，他认为过去纸币政策的失败，其中一个原因便是发行的面额种类太多，特别是首先发行了太多小面额纸币。

王鎏建议由北京的中央机构集中印钞，然后分发给各省的藩库，并加盖布政使的印章。之后分发给各州县，并加盖知县的印章；最后加上钱庄或铜局的印章，就可以进入流通领域。拥有纸币的个人也允许加盖自己的印章，这些将会使得伪造变得更加困难。同样也是为了防伪，纸币需要使用最好的纸张，并对纸币进行高级装饰，纸币将存储于官府特制的函中。王鎏再次强调了此时的优势，与过去相比，造纸和印刷技术明显得到提升。在某个省份交纳税收使用的纸币，必须是钤印了该省布政使印章的钞票，但官府将设立纸币兑换处，以便于其他省份的纸币能在当地流通。

王鎏设计的规则中最有趣的是纸币发行数额。当纸币第一次印造时，需要有足够的数额来满足市场的需求，但也不能过多。两三年后，需要重新评估市场对货币的需求。换言之，纸币流通量取决于市场的需求，政府必须不断地监控流通中的纸币数量，并定期回收陈旧的、残缺的、污损的或超发的钞票，以防止纸币贬值。王鎏估计政府每年用于更换旧钞的费用大约是发行额的3%。然而，王鎏没有提到政府准备金或其他政府任何资产作为担保，纸币仅以清政府的信用作为保障，这是纯粹的信用货币。王鎏坚持认为，当时的人显然比古人更愿意接受信用货币，例如他们愿意使用钱庄的“银票”就证明了这一点。他认为通过公布新的货币政策的细节，宣扬货币政策不会任意修改，并对民众普遍接受纸币保持耐心，就可以帮助民众树立对纸币的信心。

包世臣对王鎏提议的评论

在讨论王鎏货币主张对19世纪初期政治思想的重大影响之前，探究一下包世臣的观点将会很有帮助，因为包世臣非常重视并赞同王鎏的一些观点，他还对王鎏的一些主张进行了回应。包世臣可以说是清朝公共政策领域最受尊重的专家，包括军事策略、农学、河工等方面。如我们所看到的，包世臣是道光时期两大改革的主要推动者：北运漕粮由河运改为海运；打破两淮盐商垄断的纲法体制。由于这两大改革都涉及两个重要经济领域从官营转变为商人参与，因此林满红等学者将包世臣视为早期经济“自由主义者”。[①] 正如在本书中呈现的，笔者

① Lin,“A Time in Which the Grandsons Beat the *Grandfathers.*” 在她稍后的 *China Upside Down* 一书中，林满红更倾向于使用“自由派”的标签来描述包世臣的主张，尽管她没有将包世臣描述为“自发的”“私人企业”“自由

认为这是一个错误的类比。

包世臣对货币管理制度有着浓厚的兴趣，他认为货币体系的成功对于人们的生活至关重要，也是评价统治效率的重要指标。[①] 他没有对当时政权的货币管理给出过高的评价，正如我们所见，他详细的写下了银钱比价的变化给农民带来的灾难性后果。1832 年，王鎏与包世臣的共同好友张履将《钱币刍言》的初稿交给了包世臣，包世臣读后十分钦佩，并宣称自己已经力持此论近三十年。[②] 两年后，包世臣与王鎏进行了直接的通信，包世臣向王鎏本人表达了相似的赞许。[③] 1837 年，王鎏修订后的论著刊布后，立即寄送了一份给包世臣。包世臣写了一封长信表达了对王鎏的感谢，赞扬他的精益求精，"不拘守古人格辙，而自远尘俗"。[④]

林满红认为，包世臣"严厉地批评"了王鎏关于发行纸币的提议，"理由是纸币会为国家掠取民财，因此纸币永远不会被百姓接受"，王鎏"试图为了国家而剥削百姓"。[⑤] 笔者认为这个结论过于严苛。从包世臣对王鎏的回信来看，包世臣承认自己多年来一直在考虑引入纸币作为当时货币危机的解决方案，尽管他还没有完善自己的观点，也没有

贸易"（p. 259）。在林满红该书的研究综述部分，强调将"自由主义"一词应用于清代经济政策时需要谨慎，参见 Mio Kishimoto, "New Studies on Statecraft in Mid-and Late-Qing China," *International Journal of Asian Studies* 6. 1 (2009): 87 – 102.

① 参见《齐民四术·序言》，《包世臣全集》，第 159 ~ 161 页。

② 包世臣：《与张渊甫书》，《包世臣全集》，1997，第 214 页。

③ 包世臣：《答王亮生书》，《包世臣全集》，1997，第 214 页。

④ 包世臣：《再答王亮生书》，《包世臣全集》，1997，第 215 ~ 219 页。

⑤ Lin, "Two Social Theories Revealed," p. 8; *China Upside Down*, p. 148.

将之刊印。[①] 王鎏在重印版中表达了对包世臣和张履回信的感谢，并据此认为包世臣基本上是同意他提出的主张，尽管他们对一些细节持有不同意见。笔者认为王鎏的解释是正确的。更重要的是，像包世臣这样的民粹主义者，没有理由认为他会将王鎏的主张看作是“与民争利”。相反的，帮助清朝战胜外国侵略和内部经济危机才是他们的共同目标。

包世臣对王鎏提出的纸币无限发行的计划进行了猛烈批评。他引用王鎏的原文，即纸币是“操不涸之源”，并指出这种思维也是过去许多引入纸币的人的想法。在包世臣看来，第一期发行的纸币数额，其总额应是一年地丁钱粮收入的一半，之后加印的纸币也不应超过一年的地丁钱粮。王鎏希望用纸币取代流通中的白银。包世臣承认，如果按照他的方案发行适量的纸币，最初可能会导致白银市场价值的提高。但一段时间后，百姓认识到纸币的便利性，纸币被普遍接受后，银价将会下跌，银钱比价也能恢复到正常水平。[②]

包世臣与王鎏货币观点的另一个显著差异是，王鎏希望消除白银的货币媒介功能，但包世臣并不赞同。包世臣指出问题的根源并不是白银本身，而是相对于铜钱，白银的价格过高，而且白银在太多的经济领域充当了“起算”的角色。王鎏认为立即禁止白银作为货币媒介，并用纸币替代白银是不可行的，包世臣对这点非常赞同，但不同意王鎏提出的前提假设，即纸币的流通能够“自然地”使白

---

① 包世臣：《再答王亮生书》，《包世臣全集》，第215～219页。也可参见刘广京《包世臣与魏源》，第1004页。

② 包世臣：《再答王亮生书》，《包世臣全集》，第215～219页。

银退出货币市场。包世臣认为无论政府如何干预，白银都将在货币市场占有一席之地。包世臣指出，我们的目的是建立白银、铜钱和纸币三种媒介并行的货币市场，每种货币都服务于独立的经济领域。当然，包世臣希望铜钱在税收中尽可能地取代白银，因为高昂的银价让农民在交税时损失惨重，为此想要铸造更多的铜钱，并通过军饷的形式使这些铜钱流入市场。但危险的是，永远无法铸造足够的铜钱来满足市场需求，这只会进一步扭曲银钱比价。这正是引入铜钱为单位的纸币的原因，这样可以增加现金供应，有利于稳定兑换价格。

包世臣提出的第三个反对意见是王鎏支持发行大钱，但包世臣认为大钱没有效用。纸币可能能够及时恢复铜钱的价格，但同时引入不与其金属含量挂钩的铜币可能会破坏这一结果。包世臣回顾了唐代以来发行大钱的历史记载，指出大钱存在很大的问题。但是看起来比王鎏更加重视历史经验的包世臣，他认为有些东西仅仅在过去成功过一两次，没有理由相信它会在这些不同时期产生同样的效果。①

包世臣一直表现为一位注重细节的学者，他对王鎏的计划也提出了几个细节问题。包世臣就如何采购合适的纸张以及提升印刷工艺的细节提供了建议，他对于纸币的面额有自己的想法。他完全同意王鎏关于纸币必须可以用于纳税的建议。他进一步补充说，如果只能通过捐输纸币来获得功名，② 那么纸币很快就会在富人和想要更高地位的人群中得到青睐，也正是这

① 包世臣：《再答王亮生书》，《包世臣全集》，第 215 ~ 219 页。

② 王鎏的意见是直接废除捐纳。

些人囤积白银造成银价上涨。他还就如何防止伪钞和其他可能出现的滥用提供了详细的建议。

其他主张

王鎏和包世臣是道光时期讨论发行纸币与白银短缺、经济萧条、对外贸易的关系等问题最重要的参与者，这些问题相互间有着密切的联系。与当时的大部分政治讨论一样，辩论的文章被收入《皇朝经世文编》。《皇朝经世文编》收录了53篇关于货币政策的文章，仅有两篇（据笔者所见）对纸币或大钱持乐观态度，这两篇都是清初的文章。[①] 相比之下，53篇中至少有7篇是在顾炎武的影响下对清朝政策的批评，顾炎武对纸币的看法非常消极。正如万志英和鲁乐汉所指出的，尽管顾炎武并非货币化经济的坚定支持者，但他也很少被描述为反对使用白银的学者。顾炎武认识到市场对货币的普遍需求（例如他将康熙萧条归因于货币的短缺），并提倡开采更多的白银来缓解短缺。但他发现白银主要依赖进口，清代沿海地区和南方大多确立了以白银为基本货币，但其他地区则不是。出于这个原因，他认为全国各地都要求以白银征税是有害的，并提倡设立因地制宜的财政制度。然而，对于纸币他是明确反对的。顾炎武认为无论国家多么需要货币，纸币永远不会得到百姓的普遍接受。国家发行不受限制的纸币（如晚明时倪元璐曾提议的），只不过是国家对百姓财富赤裸

---

① 其中一篇是邱家穗的《铜钞议》，《皇朝经世文编》卷53，第53～56页。邱家穗是福建上杭人，康熙朝举人，任过知县，参见《中国人名大字典》，第165页。邱家穗关于纸币的论文被王鎏收录在《钱币刍言·先正名言》，第19～37页。

裸的剥削。[①]

与同时代的许多人一样，包世臣是顾炎武的崇拜者，他的思想在很多方面深受顾炎武的影响。[②] 但是，如我们所见，在货币思想方面他们出现了分歧，笔者没有在包世臣的书中找到关于顾炎武货币思想的直接评论。而王鎏则不一样，可能是为了避免自己因没有回顾历史上的纸钞而遭受批评，他用了几页的篇幅，就自己为什么没有像顾炎武那样思考进行辩护。

王鎏认为顾炎武希望消除白银和纸币的货币职能，铜钱应该成为排他性的唯一货币，然而在一个更加商业化的时代，铜钱显得过于沉重。王鎏认为顾炎武反对纸币的两个主要论点是"壅滞废阁"和"昏烂倒换"。王鎏认为这些抱怨只是基于明末的情况，但不再适用于嘉道时期。明代纸币的"滞行"是因为三个皇帝的决策：明太祖规定交税只能用白银，不收宝钞；明宣宗禁止地方官上交蠲缓时使用宝钞；明英宗时期赋役从实物改为折征银两。这三项政策使得白银成为唯一可以上交政府的税收媒介，并使得宝钞无法流通。顾炎武对纸币的第二个抱怨是当时的制造方法不佳，但到王鎏的时代，制造技术已经有了很大的提升。简而言之，王鎏指出自己很容易理解顾炎武对白银的反感，在王鎏的理想状态下，白银也会退出流通。王鎏预测，如果生活在嘉道时期，那么顾炎武对纸币的反对将会消失。[③]

---

① 顾炎武的纸币论文，除了一篇收入《日知录》外，其他都收入《皇朝经世文编》卷52，第1~9页；卷53，第36~40、49~50页。同时参见 von Glahn, *Fountain of Fortune*, pp. 220 - 222; Delury, "Despotism Above and Below," pp. 226 - 233.

② 包世臣：《读亭林遗书》，《包世臣全集》。

③ 王鎏：《钱钞议十》。

但作为顾炎武在道光时期的重要追随者和《皇朝经世文编》的编者，似乎魏源和王鎏的观点没有达成一致。1842年，魏源在书中明确地批评了纸币支持者倪元璐、蔡之定和王鎏，认为纸币是“盗贼之道”。为了回应倪元璐提出并被王鎏引用的“十便”，魏源提出了“十不便”。他认为，正如银荒给百姓带来的灾难，纸币只会使情况更糟糕，而且纸币只会是由国家强制发行。魏源引用顾炎武的原话，声称纸币“损下益上”。[①]

然而，由于道光时期银荒问题的恶化，其他重要官员都转而偏向支持信用货币替代白银。1838 年，魏源和包世臣的共同好友，并即将在鸦片战争中成为民族英雄的时任湖广总督林则徐，向道光帝复奏了四川总督宝兴的奏折，宝兴在奏折中提议禁止使用钱铺发行的钱票。林则徐则指出钱票对清朝经济的重要性，并希望继续使用。林则徐认为，面对日益恶化的银钱比价，要么开采银矿，要么进口更多的白银；但在此期间，使用钱票有助于缓解而不是加剧白银短缺。[②] 1842 年，御史雷以諴（1853 年担任扬州知府，厘金的开创者）主张按照王鎏的提议发行大钱；1846 年，户部主事许楣提议发行纸币。[③] 因为银荒的加剧，以及随之而来的社会动荡，王鎏的影响力明显在增强。

---

① 魏源：《军储篇三》，《圣武记》卷 14，第 60～65 页。感谢林满红提供这条文献。

② 王宏斌：《林则徐关于“银贵钱贱”的认知与困惑》，《史学月刊》2006 年第 9 期。

③ 滨下武志『中国近代経済史研究』、57～58 頁；Lin Man-houng，“Two Social Theories，” p. 4. 林满红认为许楣对王鎏进行了批评，但滨下武志认为许楣本质上支持王鎏的纸币政策。

国家与民族

林满红研究道光时期纸币讨论的一个重要结论是，当时讨论的内容远超经济政策范畴。王鎏的文章本身是为了解决银钱比价失衡问题，但其解决方法中暗含着另一项进程，只有仔细阅读的读者才能慢慢发现。林满红认为这项议程便是王鎏所倡导地增强清朝国家实力的计划，这点笔者深以为然。但笔者从王鎏与包世臣的书信往来之中，发现他们二人表现出一些共同性：中国早期民族主义。

我们可以从鸦片问题开始，正如我们所见，王鎏和包世臣提出这样的假设：嘉道时期鸦片进口是造成银荒的主要原因。王鎏建议引入纸币的第 12 条理由是，因为内陆边疆地区的边界冲突通常是为了掠夺白银，如果这些地区使用纸币取代市场上的白银，那么这些边境冲突就没有了动力。王鎏没有指明的假设前提是，白银在任何地方都有价值，但纸币只在清朝范围才能使用。此外，第 4 条理由中，他在论证海外贸易时运用了同样的逻辑，外国商船将鸦片运入中国，导致数百万的白银外流。如果只能使用纸币，外国人将无利可图，鸦片进口将会“自止”。[①] 在王鎏为新货币体系制定的详细规则中，他规定从事对外贸易的中国商人只能提供货物，不能支付白银。也就是说，他提出了一个通过立法来获得贸易顺差的粗略尝试。对于王鎏来说，如果外国商人携带白银来中国采购商品，他们首先必须在拥有官方执照的钱庄将白银兑换成纸币，然后才能用纸

---

① 王鎏：《钱钞议一》，《钱币刍言》。

币购买想要的商品。[①]

正如坚定的现实主义者包世臣所指出的那样，这是一个不可能实现的理想主义计划。包世臣在20年前就已经提出了解决鸦片问题的方案，分为三年进行：首先是禁止进口，然后是禁止国内流通，最后是禁止消费。[②] 作为对王鎏主张的回应，包世臣认为即使外国人愿意接受在交易中使用纸币，也不能因此阻止他们购买想要的东西。这些外国“盗贼”已经习惯于在商业交易中使用各种钞票（汇票、钱票），他们很容易接受中国的有价值纸币。此外，正如包世臣指出的，禁止使用白银的建议是不切实际的。[③]

我认为最重要的不是王鎏提出的不具可行性的禁止鸦片进口方案，而是他希望引入纸币背后的动机，这绝不是简单地想要平稳银钱比价。王鎏坚信一种被广泛接受和便于使用的政府货币，会使得中国市场上的外国钱币或其他货币“自废”，无须国家禁止，其他货币会自然消失。此外，私人发行的纸币和其他商业票据，无论多么方便，目前仅限于少数特权商人在使用，且面临着发行钱庄违约的风险，同样会被国家发行的更安全纸币逐出市场。从根本上说，王鎏倡导的是发行真正的民族货币，这种货币在整个中国领土范围内，供全体百姓使用，其范围不超过国界，面额由国家确定。其他竞争性货币，例如由各省或下属机构发行，或由外国政府发行、国内钱庄发行，以及前朝发行的货币都将被废止。

林满红意识到王鎏的目的所在，并认为当时清朝一直没

---

① 王鎏：《钱钞条目》卷20，《钱币刍言》。

② 包世臣：《庚辰杂录二》，《包世臣全集》，第213页。

③ 包世臣：《再答王亮生书》，《包世臣全集》。

有主权货币，这远远落后于世界历史的发展进程。[1] 但实际上，王鎏并不是扮演追赶者的角色。王鎏和包世臣所处的时代，尽管少数欧洲学者如让·博丹（Jean Bodin）在更早就提出了国家在主权边界内拥有发行法定专属货币的权力，但之后整个欧洲也很少有人重提这样的主张。到 19 世纪初，世界各国通常在使用大量的国内货币时，也能看到多种外国货币在境内市场流通。1850 年代以前，墨西哥银元是美国国内市场上流通的主要货币。

正如埃里克·赫莱纳（Eric Helleiner）所写："只有到 19 世纪，区域性和排他性的国家货币才开始在世界历史上首次出现……不同国家区域性货币的出现在时间上有很大差别，在大多数国家这是一个渐进的过程，持续了几十年。到 1914 年，一些西欧国家、美国和日本基本完成了这一进程。欧洲（以及其他地方）的一些国家在两次世界大战之间或之后都还没有创造出成熟的国内货币。"西方的政策制定者在引入此类货币时，有着和王鎏相似的想法：希望建立区别于世界市场的国内统一市场，并增强民族国家的认同。正是这种民族国家观念的增强，加上工业化印刷和造币技术的改良，促进了这一转变。[2]

王鎏将外国货币在国内流通描述为外国人对中国的"耗蚀"，这似乎是一种经济帝国主义的早期提法。王鎏认为国家

---

① Lin, *China Upside Down*, p. 149 and passim.

② Eric Helleiner, *The Making of National Money: Territorial Currencies in Historical Perspective* (Ithaca: Cornell University Press, 2003), p. 31. 另见 von Glahn, "Foreign Silver Coins," p. 51. 1857 年，美国通过立法禁止外国货币在国内市场流通。Irigoin, "End of a Silver Era," p. 237.

拥有“万物”的“利权”，可以将“万物”重新分配给民众使用，并为了国家需要而征税。虽然“利权”这个词的历史至少可以追溯到春秋时期的《左传》，指的是对经济资源的控制权，但据笔者所见，这个词在王鎏的时代并不常见，并且在国际关系方面没有特别的意义。然而有趣的是，构成“利权”的两个字，反过来就变成了“权利”，对应西方的“Rights”；类似的专业词汇“主权”[①] 在后来成为现代汉语的“国家主权”（National Sovereignty）。[②]

当然，即使到19世纪初西方已经出现民族国家，清朝的官员和士大夫仍处于一个与之不同的主权和国家边界概念之下，即费正清提出的“朝贡体系”。[③] 汉语的“权利”对应西方的“Rights”，主权对应“Sovereignty”，这两个词显然都是1864年丁韪良（W. A. P. Martin）在翻译惠顿（Henry Wheaton）的《万国公法》时才引入汉语的。然而，至少在几十年前，关注因西方引起的鸦片和其他问题的官员和士大夫，包括林则徐在内一直在积极寻找新的词汇来满足他们的需求。[④] 王鎏提出的

① 和利权一样是一个古典词汇，指的是统治者的治理权力。

② 諸橋轍次『大漢和辞典』卷2、大修館書店、1956、244 頁；罗竹凤主编《汉语大辞典》第1册，汉语大辞典出版社，2001，第706页；第2册，第640页。

③ 近年关于朝贡体系的突破性研究，参见岩井茂樹「朝貢と互市」『東アジア近現代通史 1 東アジア世界の近代 一九世紀』、岩波書店、2010；Gang Zhao, *The Qing Opening to the Ocean*: *Chinese Maritime Policies, 1684 – 1757* (Honolulu: University of Hawai'i Press, 2013), chap. 5.

④ 例如，参见 Lydia H. Liu, *The Clash of Empires*: *The Invention of China in Modern World Making* (Cambridge, MA: Harvard University Press, 2004), chap. 4; Peter Zarrow, "Anti-Despotism and 'Rights Talk': The Intellectual Origins of Modern Human Rights Thinking in the Late Qing," *Modern China* 34. 2 (April 2008): 185 – 186.

利权即可视为提供这样的新词汇，他在强调这点时还做了补充，各种保护利权的措施是为了确保“尊国家之体统”，笔者认为这种关于“国家主权”的表述，很可能是因为当时缺乏与外国概念相对应的准确词汇。[①]

同样重要的是，王鎏不仅有意识地使用国家一词，而且国家一词优先于清朝（大清或其他存在的术语）。王鎏通常将他的祖国称为“中国”。外国鸦片被走私进入中国，外国的纸币和金属钱币被中国民众所接受。王鎏提出的是真正的“中国纸币”，这将有益于相对于“外国之人”的“中国之人”。正如赵刚揭示的，恰好是在19世纪初，沿海地区面临着强大敌人的威胁，西北边疆正与分裂主义进行斗争，魏源等士大夫开始使用古语“中国”（原本只是代表汉族的“中央之国”）来表述整个疆域内由多民族组成的清朝。[②] 王鎏显然处于这种思潮之中。

王鎏和包世臣对19世纪初期的中国危机有着怎样的看法，以及提出了怎样的改革方案？和林满红一样，我不认为干预主义的王鎏与自由主义的包世臣之间存在着明显的差异。两人都对现有政权的政策有着重要影响，同时两人都认识到对强权国家需求的紧迫性。早在19世纪初，包世臣就认为追求“国富”和建立健全的财政体系对于清朝的维系至关重要，即使到1840年代面临对外战争时，他同样坚持这一点。两人都将安全的财政制度、普遍的仁政和有效控制的货币体系联系在一起。

林满红在《银线》一书中引用了王鎏的原文：“欲足君莫

---

① 王鎏：《钱钞议一》，《钱币刍言》。

② Gang Zhao，“Reinventing China：Imperial Qing Ideology and the Rise of Modern Chinese National Identity in the Early Twentieth Century，” *Modern China* 32.1（January 2006）：18.

如操钱币之权，苟不能操钱币之权，则欲减赋而绌于用，欲开垦而无其资，何以劝民之重农务穑哉?”[①] 包世臣也说了差不多相同的话，他特别赞同王鎏文章中对纸币的看法，除了关于王鎏提出的主权概念外，包世臣也认为货币能够富国、便民。总的来说，笔者在王鎏文章中发现的民族主义因素，在包世臣那里没有那么明显，但也并非完全没有。

在对外贸易问题上，两人都希望停止鸦片进口。如果对外贸易能够只使用纸币，王鎏就同意继续海外贸易。王鎏认为当时的时代标志是“中外一家，商贾流通”。[②] 包世臣在年轻时一直明确反对任何形式的对外贸易，并认为参与者或购买外国商品的人应该判处死刑；然而到 1820 年，他转而支持鸦片以外的大多数对外贸易。[③]

笔者认为，王鎏和包世臣都将发行纸币作为国家的特权，并且都视纸币为解决当时白银短缺问题的有效方法。在这方面，有许多士大夫和他们意见一致，但可能会遭到当时大多数官员的反对。在发行纸币的数量方面，包世臣比王鎏更加谨慎。尽管和王鎏一样希望纸币可以将铜钱取代，但包世臣从未提出废止任何金属货币的建议。他们似乎都对信用货币的提议感到满意。

在其他方面，王鎏似乎直接跳出了 18 世纪是进步的“繁荣时代”的经济思想，笔者认为王鎏的思想与欧洲的重农主

---

① 王鎏：《壑舟园初稿》(1835)，林满红在书中展示了清代版本的原片，参见 Lin, *China Upside Down*, p. 150.

② 王鎏：《钱钞条目一》，《钱币刍言》，第 14 ~ 18 页。

③ 包世臣：《说储》，《包世臣全集》，第 141 页；《庚辰杂著二》，《包世臣全集》，第 212 页。

义相似。[①] 也就是说，他的货币计划一直以扩大和促进国内商品流通的规模和速度作为辩护理由。此外，他拒绝官方干预私人贸易，认为这只会适得其反，例如即使官府为鸦片定价，并征收鸦片税，也无法禁止鸦片进口。[②] 王鎏假定良币将会“自废”劣币，并且如果一项交易变得无利可图就会“自止”，虽然这两个假设在细节上可能过于乐观，但符合盛清时期的经济逻辑。笔者认为，王鎏所代表的 19 世纪初的改革思想，主要变化是开始强调国家经济的主权，并通过发行由政府单独控制的本国货币来实现这一目标。

尽管王鎏和其他人在 1830 年代提出引入纸币的建议引起了人们的兴趣，但在道光朝并没有执行。直到咸丰时期，危机下的清廷最终选择在 1853 年通过发行宝钞来平定太平天国，但这项政策最终失败了。粮食和其他商品价格暴涨，在北京和北方许多城市，那些领取工资的雇工爆发了广泛的骚乱。[③] 直到 19 世纪末才引入了另一种可行的货币，它直接模仿了王鎏试图驱逐出祖国（Patria）的那种外国货币。[④] 正如国民党 1935 年的币制改革一样，虽然取得

① 参见 Rowe, *Saving the World*, esp. chap. 6. 此外，曾玛丽（Margherita Zanasi）指出了清朝经济与法国重农主义之间的相似之处，见“Frugality and Luxury: Morality, Market, and Consumption in Late Imperial China,” *Frontiers of History in China* 10. 3（September 2015）: 457 - 485.

② 王鎏：《友朋赠答》，《钱币刍言》，第 43 ~ 44 页。

③ 彭泽益：《1853 ~ 1868 年的中国通货膨胀》，《中国科学院经济研究所集刊》；滨下武志『中国近代経済史研究』、59 ~ 60 頁；彭信威：《中国货币史》，第 808 ~ 810 页。

④ 参见 Niv Horesh, “Printed in London, Disbursed on the Bund: The Hongkong Bank and its Early Note Issue in Shanghai, 1865 - 1911,” *Late Imperial China* 27. 1（June 2006）: 109 - 140.

了部分成功，但中国仍一直在追求创造一种独立、统一、排他性的国家纸币。[①]

① Arthur N. Young, *China's Nation-Building Effort, 1927 - 1937*: *The Financial and Economic Record* (Stanford: Hoover Institution Press, 1971), chap. 9.

结语：言利

1846年夏，包世臣已经70岁。他给孟开回了一封信，回答了当时漕运管理体制中仍然存在的若干问题。在写给包世臣的信中，孟开大胆而简要地总结了包世臣的职业生涯，他注意到包世臣的政策建议中唯一不变的便是"言利"的倾向。由于找不到孟开信件的原文，我们不能肯定这是否属于积极的评价，毕竟最具权威的顾炎武曾在《言利之臣》一文中，批评了当时趋利的士大夫。但我们看到，包世臣欣然接受了这种说法，他回复说："好言利似是鄙人一病，然所学大半在此。"

"言利"的范围非常广泛，例如研究如何降低漕粮的运输费用，实际上就是在"言利"；如何裁陋规、兴屯田、尽地力，同样是在"言利"；倡导开矿和发行纸币，也属于"言利"。其他一些事项，如增加州县的公费可以避免官员朘削当地百姓；在灾荒时赈济饥民，可以防止民众成为流民，乍一看并非"言利"，但究其本质，则仍属于"言利"。①

R. 马修斯（R. H. Mathews）的《汉英词典》（*Mathews'*

---

① 包世臣：《答族子孟开书》（道光二十六年五月二十四日），《包世臣全集》，1997，第234～236页。包世臣只是称孟开为"族子"，无法了解他的其他身份。

Chinese English Dictionary)，反映了20世纪初期对“利”的解释，该书将“利”定义为“利益、利润、益处，对钱的兴趣”。汉代许慎的《说文》将利解释为“铦”，像刀一样锐利的意思。还有一些其他的用法，如解释为“欲”，表示计划。[①]但历史上最著名的经典用法出现在《论语·里仁》，“君子喻于义，小人喻于利”。陈荣捷指出，“重义轻利”是儒家和孔子与其他思想最大的区别。[②]包世臣在回复孟开的信中略带辩论性的语气，这表明即使到了包世臣所处的嘉道时期，这种讳言财利的传统教条依然占据主导地位。

然而，即使是在春秋战国时期，也存在对“利”完全相反的解释。包世臣年轻时读了墨子的论著，非常赞同墨子所提出的“兴天下之利，除天下之害”。[③]到明清时期，有许多由“利”组成的褒义词组，比如“水利”，包世臣对这类词汇非常熟悉，并经常在文章中使用。正如胡寄窗所指出，包世臣大谈财利之事虽然非常引人注目，但他并非第一个这样做的人，至少从宋代开始就有了崇尚“利”的传统，尽管当时宋代理学家主要宣扬的是利的反对面“义”。[④]可以肯定的是，对包世臣思想影响最大的是顾炎武的作品。包世臣在年轻时读过顾炎武的《天下郡国利病书》，读完之后便将顾炎武树立为自己

---

① 諸橋轍次『大漢和辞典』卷2、1325頁。

② Wing-tsit Chan, *A Sourcebook in Chinese Philosophy* (Princeton: Princeton University Press, 1963), p. 28.

③ Wing-tsit Chan. *A Sourcebook in Chinese Philosophy*, p. 226. 陈荣捷给这种思想打上了“功利主义”的标签，虽然没有实际意义，但也给读者很大的启发。

④ 胡寄窗：《中国经济思想史》，第586页。

的学术典范。[1] 因此，对于包世臣来说，在逻辑上“利”的反义词可能并不是“义”，而是“病”。

尽管包世臣在大多数情况下毫不掩饰对“利”的肯定态度，但他有时也会使用这个词语的负面含义。他这样做时具有选择性，总是把利与贪官污吏联系在一起，这些人将个人利益和团体利益凌驾于国家和民族利益之上。例如在漕运、河工、盐政等方面，官员为了狭隘的私利（司事之利），往往忽视国家和百姓的利益。[2] 包世臣认为即使是为了科举考试而奋斗，也是对个人利益不恰当的追求，他感叹今天的人失去了古代儒家的廉耻之心。[3] 包世臣指出，商人必然会追求利润，这没有什么不道德的，但也不是特别值得赞扬。换句话说，包世臣对追求利润的尊重是真心的，但也是谨慎的。他指出，将对个人利益的追求，或者是商业的逻辑，运用在政治官员身上是极其不恰当的，而这正是当时官员的常态。这并非是在追求正当的利益，而是一种曲解。[4]

这种对贪官污吏的谴责，有利于包世臣将民粹主义（Populism）和国家主义（Patriotism）结合起来。正如墨子刻很早以前所指出的那样，明清时期的政治言论在政策制定时，表面上一定要使得国家和百姓“均有裨益”，即常见的“有益

---

① 包世臣：《安吴四种·序言》，《包世臣全集》；《读顾亭林遗书》，《艺舟双楫》卷2，第1~4页。

② 包世臣：《中衢一勺·附录序言》，《包世臣全集》，第8~10页。

③ 关于礼义廉耻，参见包世臣《齐民四术序言》，《包世臣全集》，第159~161页。

④ 大谷敏夫「包世臣の実学思想について〔付略年譜〕」『東洋史研究』28(3)、169~171頁。

于国计民生”。[①] 包世臣对这类用法驾轻就熟，特别是在他对“利”讨论的时候。包世臣的基本观点是，基于对历史的充分了解和合理推论，国家和社会的利益可以共同发展。他在1801年的《说储》中总结了五大需要完成的事项，其中第五项也即最后一项是，他认为“凡举事不利于民者，必不利于上”。对利国、利民的同样重视，在接下来的半个世纪里一直是包世臣的不懈追求。[②]

现在我们可以回到前言中提出的两大问题，这两个问题也指引了本书后续的研究：包世臣属于什么社会阶层？如何解读他对清朝的态度？回答这两个问题的方法之一，是弄清他所提出的“民”和“国”的真正含义是什么。

“民”是包世臣作品中最常见的词语之一，在明清时期的政治经济话语中，“民”这个字涵盖了丰富的内容。包世臣通常使用“民”指代“社会”“私人”或“非官方”的内容，例如“民财”“民力”“民地”。正如我们在本书第二章看到的，他从“民地”一词推论出国家应该支持财产私人所有制。在所有这些中，“官”是“民”隐含的对立面，在包世臣的书中，“民”显然是一个法定的行政范畴。例如，他指出存在民欠和官欠两种财政亏空。在漕粮的征收、交兑和奏销过程中，他提出民征官兑；在食盐的运输与销售中，他提出民运民销等词语，划定了民众与官员之间的责任，从而凸显了“民”的

---

① Tomas A. Metzger, *The Internal Organization of Ch'ing Bureaucracy: Legal, Normative, and Communication Aspects* (Cambridge, MA: Harvard University Press, 1973), pp. 55 – 56.

② 包世臣：《说储》，《包世臣全集》，第190页；《包世臣全集》，1993，第8～10页；张岩：《包世臣与近代前夜的“海运南漕”改革》，《近代史研究》2000年第1期，第134～136页。

法定地位。关于“民”一词最常见的用法，也是经世士大夫最喜欢的“治国之道”，便是包世臣所称的“藏富于民”。[1]

在包世臣著作中，其政策目标通常是要“利民、便民”。在政策制定时，必须倾听“民”的意见。包世臣《说储》总结的五大优先完成事项，其中重点强调了要任用真正了解民情的好官。此外，包世臣指出为了预防叛乱的爆发，必须做到“近人情”。[2] 同时“民”也是一个需要正确引导的群体，必须接受像包世臣这样具有丰富专业知识和广阔视野的士大夫的指导。包世臣没有高高在上地使用“乡里愚民”这样的歧视性词语，而是强调地方精英教化普通民众的责任（以为民倡）。民众在很大程度上受到民风的约束，而民风可以通过政策改变。[3]

笔者认为，最具代表性的是包世臣在1844年刊印的关于农业、保甲、法律和军事的文集——《齐民四术》，该书选择“齐民”一词作为书名。“齐民”有时指的是“所有民众”“普通人”，包世臣明确地使用过这个含义。[4]“齐民”同时也是一个动词，如《论语》“齐之以礼”，包世臣实际上将这句话写进了他的序言。[5] 对于严肃认真的包世臣来说，这样的双关解

---

① 参见包世臣《剔漕弊》，《皇朝经世文编》卷46，第23~24页。笔者曾讨论过这个词语在18世纪社会话语中的意义，参见 *Saving the World*, chap. 8.

② 包世臣：《说储》，《包世臣全集》，第190页；胡朴安：《包世臣年谱》，第212~214页。也可参见《泾县志》，第927页；施立业《包世臣〈说储〉初探》，第70页。

③ 包世臣：《答孟开族子书》，《包世臣全集》，第234~236页。

④ “盐为天地之藏，官为立法，归利于商以病齐民。”参见包世臣《说储》，《包世臣全集》，第184页。

⑤ 包世臣：《齐民四术·序言》，《包世臣全集》，第159~161页。

释似乎有些牵强，但他在这里可能是有意地模糊了“齐民”概念，暗含了他对平民民粹主义和精英家长式作风的笨拙结合。

包世臣所称的“民”并不是一个统一的整体，可以按籍贯分为本地的居民和外迁的客民，以及流离失所的游民。这三个群体都必须得到政府的关注，即使是最后一个群体，除非他们变成流氓，否则仍属于“民”。他指出，这些人都属于“民”，我们将在下文讨论这个概念。也可以按道德水平来进行分类，包括乱民、匪民和奸民。在包世臣看来，奸民不是一个社会学范畴，而是用于描述任何以牺牲良民利益为代价而谋求私利的贬义词，例如贪污或行贿的奸民。[①] 尽管包世臣是农民利益的捍卫者，但他也意识到，有少数惰民需要甲首的刺激或羞辱，才能让他们从事生产活动。[②] 虽然包世臣关心的主要对象是耕种的农民，但也并非唯一。在他年轻时写作的《说储》中，包世臣认为士农工商都是正当的职业，负有各自的责任。这清楚地表明，在他看来，这些职业群体都属于“民”。[③]

包世臣敏锐地意识到，民众之间的贫富差距和经济分层几乎等同于阶级分化。早在 1801 年，他就提出了一个根据经济水平对农村家庭进行分类的制度，“贫户”和“穷户”是最底层，依据家庭的各种不同层级，在内部进行合理的财富再分

① 值得注意的是，据笔者所知，包世臣反对的奸民意思是奸诈之人，对应的是良民，而不是一个世纪以前流行的“低贱之人”。到 19 世纪初，至少对包世臣来说，这一特殊的含义（低贱）已经不复存在。

② 包世臣：《说保甲事宜》，《包世臣全集》，第 271 ~ 282 页。

③ 包世臣：《说储》，《包世臣全集》，第 133 页。

配。[①] 在1846年的一封信中，包世臣承认了“闲民”与“有业之民”之间的区别，并指出需要注意政策变革对两个群体的不同影响。[②] 在讨论平民阶层时，包世臣最常用的词语是“小民”，在笔者看来，尽管“小民”带有乡村农民的色彩，但这个词与现代早期法语的“庶民”（Menu Peuple）一词基本相当。[③] 如果寻找“小民”的反义词，“小民”最常反对的是“大户”，大户生活在傲慢和懒惰之中，并且善于将税收负担转嫁给那些贫穷的小民，或是与之关系不太好的邻居。[④]

值得注意的是，据笔者所见，包世臣从未将明清时期的“保富”观念作为经济政策的目标，尽管和那些赞同这样做的人一样，他赞赏那些愿意赈灾和救济穷人的富户。明末清初的士大夫唐甄等人认为，人们对利益的追求和奢靡消费是刺激经济增长的引擎，但包世臣仍是勤俭节约这一传统美德的坚定支持者。[⑤]

实际上，包世臣明确表示，保护和促进小民的福利是治理的基本任务。周公有言：“呜呼！君子所其无逸，先知稼穑之艰难乃逸，则知小人之依。”正如我们在本书第三章看到的，包世臣非常详细地描述了小民生活的艰辛。1801年，正是白莲教起义的最高峰时期，包世臣写下“夫好善恶恶，民之性

---

① 包世臣：《说保甲事宜》，《包世臣全集》，第271～282页。

② “盖银价腾贵，唯不便有业之民，而闲民则甚便之。”参见包世臣《致前大司马许太常书》，《包世臣全集》，第237～239页。

③ 他很少使用相对傲慢的“细民”一词。

④ 包世臣：《海运十宜》，《包世臣全集》，第81～85页。

⑤ Margherita Zanasi, “Frugality and Luxury: Morality, Market, and Consumption in Late Imperial China,” *Frontiers of History in China* 10.3 (September 2015): 457－485.

也。饥寒交迫，奸宄乃成”。[①] 另一方面，“小民见官屯之利，自必仿而行之，不令而行，不课而勤矣”。[②] 在这个危机的时代，民众的负担日益加重。在对老百姓的剥削方面，包世臣并没有过多着墨，但他确实谴责了政府书役给百姓带来的多余负担，以及奸民对百姓的虐待。[③] 他没有明确指出这些奸民是谁：一方面，他们是“盗臣”；另一方面，他们是“劣矜”“豪奸”“绅户”。甲首和地方精英有义务保护平民不受这样的掠夺。[④]

在各类“民”中，包世臣属于哪一种？他是如何自我认同的？正如我们所看到的，他为自己年轻时曾短暂地从事农业劳动而深感自豪，相信这有助于他对农业技术和农民负担有更深刻的理解。但他绝不认为自己是从事农业的农民或是属于农民阶级。同时他强调自己并不是一个大地主，因此他的个人利益也不同于地主阶级的利益，但他承认自己的生活相对悠闲、舒适。他至少曾将自己称为儒家的一员，但他立刻补充道，“吾儒”的分内之事是研究和解决民生问题。[⑤]

大谷敏夫指出，与魏源等其他同时代的改革者相比，包世臣更关心民众的利益。[⑥] 这让人想到了 18 世纪中期的陈宏谋，

---

① 包世臣：《说储》，《包世臣全集》，第 133 页。

② 包世臣：《包世臣全集》，1993，第 67～68 页。

③ 包世臣：《说储》，《包世臣全集》，第 134 页；《中衢一勺・附录序言》，《包世臣全集》，第 8～10 页。

④ 包世臣：《说课绩事宜》，《包世臣全集》，1997，第 317～319 页。

⑤ 包世臣：《与秦学士书》，转引自胡寄窗《中国经济思想史》，第 585 页。

⑥ 大谷敏夫「包世臣の実学思想について〔付略年譜〕」『東洋史研究』28(3)、182 頁。

但包世臣和陈宏谋也有所不同。对于陈宏谋和乾隆时期的士大夫来说，可能会将改善民生视为追求繁荣甚至是经济增长，但对包世臣来说，“为民争利”更侧重于减轻“民困”。相比之下，由于社会状况的恶化，包世臣不得不降低自己的政策目标。在关于贫困家庭行为的研究中，包世臣承认普遍贫困的存在，有一个典型的案例，正统观点认为妻子卖淫是不道德的违法行为，包世臣则认为这是家庭应对经济萧条的理性反应，并应该加以合法化。包世臣的乐观主要因为他相信减轻民困这个适度的目标，仍然是可以实现的。①

从国家的角度我们可能会问，包世臣在多大程度上是一个国家主义者？或者他经常被描述的那样，是一个民族主义者？引人注目的是，在谈到他所处的时代，甚至是对他担任县令的朝廷，包世臣从未使用“清”这个词，更不用说朝廷常用的“大清”。如果要称呼当时的时代，他似乎青睐“中华”一词，这显然超越了个别朝代，而是指代千年以来的中华文化，既包括汉人王朝，也包括少数民族建立的朝代。② 有时他会使用“中国”一词，但通常“中国”对应的是外藩，外藩是指在清代以前没有纳入中央政府管辖，清朝建立后新纳入管辖的领土。有时他会使用“内地”一词，和“中国”的含义基本相同。③ 以上这些案例表明，包世臣认同的对象不是整个清朝，

---

① Matthew H. Sommer, *Polyandry and Wife-Selling in Qing Dynasty China: Survival Strategies and Judicial Interventions* (Berkeley: University of California Press, 2015), pp. 337 - 340.

② 例如，包世臣《庚辰杂著二》，《包世臣全集》，第 213 页。

③ 包世臣：《庚辰杂著二》，《包世臣全集》，第 209 页；《说储》，《包世臣全集》，第 184 ~ 185 页。

而是中国和内地。[①]

正如我们所看到的，包世臣经常使用“国”这个字，也时常使用“国家”一词。在笔者看来，这两个词语所指代的并非民族国家（Nation），而是指“政体”（Polity），对应内部的社会；或是指“国家”（State），对应外部的势力。包世臣将“国家”明确地指代清朝，笔者只发现了一例，他曾赞扬“国家休养生息百七十余年”。[②] 此外，包世臣引用了顾炎武的名言：“自古有亡国，无亡天下。”[③] 从这里我们更能看出，包世臣认同的是千年来延续的中华文明，而非某个朝代。

这是否表明，包世臣急切地想要在主观上与清朝划清界限呢？答案是否定的。笔者阅读了包世臣的作品后，没有发现他将自己定义为“汉人”，而且在他的著作中很少使用“汉”这个字。在一篇有趣的文章中，他提到了与英国人合作的“汉奸”，但只出现了几次后，就被“内奸”一词替代。[④] 他从不使用“满”，甚至是“清”来指代女真血统的人。实际上，尽管在包世臣的职业生涯中，他曾与少数满人高官一起工作，或是互相通信，如明亮、百龄、英和等人，但与其他汉人士大夫不同，他似乎从未和任何一个满人有过密切交往。总而言之，虽然包世臣似乎没有极端的汉族沙文主义倾向，但他也对清朝统治表现得漠不关心。

---

① 原文为：“况山西裁课，随弛边禁；蒙古青盐，殆若沙泥，车马驮运，相望三河。内地之生财有数，蒙古之出盐无穷，盐入财出，岁数百万，备中国之物，悉险厄运路，贫弱内服，强富外藩，恐非计也。”《说储》，《包世臣全集》，第 184 页。——译者注

② 包世臣：《庚辰杂著二》，《包世臣全集》，第 209 页。

③ 包世臣：《读顾亭林遗书》，《艺舟双楫》卷 2，第 1 ~ 4 页。

④ 包世臣：《庚辰杂著二》，《包世臣全集》。

即使是对欧洲人，包世臣也没有表现出民族对立。与同时代的其他人一样，他将欧洲人称为“夷”,[①] 并且很显然他对外夷的憎恨在不断加深。但包世臣并没有将欧洲人视为劣等民族，也没有将欧洲文化视为劣等文化，只是因为英国等欧洲国家，虽然人口不及中国的百分之一，却成为盗贼，给中国带来了很大的弊病，这才是包世臣斥责西欧国家的主要原因。

正如前文所提到的，包世臣并不掩饰对“利国”的追求，他认为“利国”与“利民”是相辅相成的，两者并不矛盾。今天的学者讨论清代的“治国之道”，通常不是称之为“经世”，而是“经国”，这与包世臣的思想相一致。[②] “利国”有几大原则，除了要尊重国家的领土完整和法律权威（国体）之外，在包世臣心中，获取充足的财政收入才是最重要的。在《说储》的开篇，包世臣指出“理财”是“立国”之本，在他的一生中都从未动摇过这一观点。与减缓“民困”一样，稳定国家财政收支也是他政策建议的基本目标。在他提出的盐政改革建议中，或许最重要的就是保障国家的财政收入（国课不虚）。[③] 尽管他提出的许多建议都获得了成功，但在1846年，他仍向孟开表达了对“国课日虚”的忧虑。包世臣的政策建议不仅是为了解决当时的问题，也是对国家富强的追求。[④]

史华慈（Benjamin Schwartz）认为，秦汉以来中国的传统

---

① 将夷翻译成野蛮人（barbarians）带有一定的误导。

② 包世臣：《说储》，《包世臣全集》，第134～135页。

③ 包世臣：《包世臣全集》，1993，第162～169页。

④ Benjamin I. Schwartz, *In Search of Wealth and Power: Yen Fu and the West* (Cambridge, MA: Harvard University Press, 1964), pp. 10－18.

治国思想包含“两种基本选择”。第一种是儒家正统思想，将国家视为道德代理人，尽量减少国家干预，避免“军事行动、大规模的公共工程和统治阶级的过度奢侈”，从而减轻民众的财政负担。第二种是战国时期的法家思想，坦率地承认对国家富强的追求。在中国历史上，尽管皇帝和官僚在统治中经常遵循中央集权的国家主义，但他们仍倾向于把自己定位为正统的“儒家主义”。根据史华慈的研究，19 世纪初提倡经世致用的士大夫坚定地信奉儒家政治经济哲学，甚至到 19 世纪六七十年代的洋务派，基本上也是儒家正统的坚持者。直到 19 世纪末期，在西方思想的直接影响下，中国改革者才开始强调“寻求富强”，这一口号曾长期受到儒家士大夫的质疑。

从包世臣的著作来看，他的思想显然与晚清学风转变的历时性变化有所差异。在 1801 年的《说储》中，他自豪地吹响了“求富求强”的号角，并将之与“盛世”之后的新危机联系在一起，“详观时势，兵弱威屈，民贫财绝，实富强之资”。[①] 在包世臣的职业生涯中，他的主要工作虽然是致力于减轻民众的税收负担，但也毫不掩饰对“国富”和“富国”的追求。当然，包世臣也不是唯一一个持有这种新观点的人。在包世臣的影响下，魏源写道：“自古有不王道之富强，无不富强之王道。”[②] 1801 年，中国的外患尚不严重，但随着外夷威胁的加深，包世臣越来越急迫地寻求国家的富强。

在包世臣的作品中，“中国”一词可以在多大程度上被解

① 包世臣：《说储》，《包世臣全集》，第 134 页。

② 大谷敏夫「包世臣の実学思想について〔付略年譜〕」『東洋史研究』28(3)、168 頁。另见刘广京《经世思想与新兴企业》，联经出版事业公司，1990，第 2 页。

释为现代意义上的“中国”，而“民”又在多大程度上可以解释成“中国人”？他对国家利益、国家富强的关注又在多大程度上可以被解释为“民族主义”？包世臣显然没有刻意区分民族差别，因此他似乎不属于“大汉族主义”。他显然是“爱国的”，而在他的作品中，如果“国家”不能直接解释成“民族国家”，那么至少有时可以等同于“祖国”。他思想中的这些元素，与随后几代中国人的民族主义思想无疑产生了强烈的共鸣。

他的贸易保护主义表现得最为明显。我们看到，包世臣反对引入蒙古青盐来减轻内地盐业的垄断问题，理由是这将导致中国的盐利流出内地。前文已经提及，在包世臣年轻时的《说储》中，他主张完全禁止与欧洲人的贸易，并对参与贸易的中国人实施严厉的惩罚。但到1820年代，包世臣的态度变得和缓，允许存在限定范围内的对外贸易。但同时他基于重商主义的逻辑，认为鸦片进口导致了清朝的“银荒”，进而提出了一个更为复杂的论点：银荒带来银贵钱贱，导致了国内日益贫困化。1828年，包世臣警惕地注意到，由于国内市场接受了“洋钱”作为结算货币，迫使清朝铜钱只能折成洋钱交易。[①]

正如本书第六章所提到的，虽然包世臣已经发现仅靠货币改革，无法解决鸦片贸易导致的贸易不平衡问题，但他仍支持王鎏在1830年代提出的关于建立本国货币体系的观点。1846年，包世臣提出了一种早熟的“反帝主义”。五口通商后，洋布进口大增，江浙地区手工织造的梭布日减，农村经济萧条，“松（江）、太（仓）布市，消减大半”。他坚持认为，这显然

① 包世臣：《致广东按察姚中丞书》，《包世臣全集》，1997，第486～488页。

是“利”流失给外国人的表现。[①] 包世臣可能没有使用“利权”这一词，该词由王鎏于1830年代组合在一起，并被李鸿章和其他洋务派在19世纪后期经常使用，相当于西方经济中的“主权”。但包世臣是讨论“利权”的核心人物，正是在与王鎏的研讨过程中，“利权”才首次出现。[②]

包世臣在经济领域反对帝国主义的论点，可能是他理论方面最早熟的部分。但他对西方侵略的反应以另一种形式展现，同样令人印象深刻。通常以冷静和理性著称的包世臣，在面对西方侵略时展示了他性格的另一面：激进和冒险。1828年，包世臣写信给新上任的广东按察使姚祖同，在信中他对来自英国的威胁进行了评估。他指出，英国人曾两次遣使来华，[③] 两次出使任务都由于英国人的傲慢无礼而失败，他们却被允许从北京经陆路，沿大运河回到中国南方，再经海路回国，这些“夷人”很高兴能够沿途搜集中国的地形信息和经济情报。现在，英国人虽然被限制在粤海关一口通商，但他们仍然设法在沿海各港口进行鸦片和其他商品的走私贸易，有时是私人的小规模贸易，但更多时候是与当地大户和匪民勾结。最令人痛心的是，英国自1819年以来设法占领了新埔（今新加坡），[④] 这是南海的一个重要前哨，长期以来一直是海盗和走私者的巢穴。由于从中国到西欧的距离很远，占领新加坡后，他们克服

① 包世臣：《答族子孟开书》，《包世臣全集》，第234～236页。

② 关于中国“主权”概念的兴起，参见罗安妮（Anne Reinhardt）正在进行的研究。

③ 分别是乾隆五十八年（1793）马嘎尔尼和嘉庆二十一年（1816）阿美士德使华。

④ “然英夷去国五六万里，与中华争势难相及；而新埔则近在肘腋，易为进退。”《齐民四术》，《包世臣全集》，第487～488页。

了距离这一最大的阻碍。[①]

1839 年，包世臣预言的中英战争最终爆发，年迈的包世臣发现英国两次进攻厦门未能成功，却轻易地攻陷了定海，因此他怀着强烈的爱国心，绘制了一份“职思图”，以便从地理的视角记录沿海清军将领是否称职。[②]

1842 年春，当英国人占领南京并开始和谈时，包世臣正好居住在南京。但他无心参与求和，他写道：“因其藐中华而益骄之，以尽隳其防。”包世臣非常钦佩民兵的反侵略精神，他们在三元里和其他地方，面对强大的外国人进行了英勇抵抗，包世臣也连夜奋笔疾书，完成了《歼夷议》。他的计划需要重新部署长江下游地区的清军，但最核心的是招募二百名“死士”，他们将先假装为挑担的小民，登上南京附近的几艘夷船，了解船只结构。第二次登船时将炸药暗藏于薪柴、蔬菜之中带上夷船，并伺机将夷船炸沉。包世臣在《歼夷议》的开篇便乐观地指出“福兮祸所依，祸兮福所伏”，这次大量夷船停靠在南京，便是带来了好运的可能。[③]

---

① 包世臣：《致广东按察姚中丞书》，《包世臣全集》，第 486 ~ 488 页。也可参见 Waley, *The Opium War through Chinese Eyes*, p. 17; Matthew W. Mosca, *From Frontier Policy to Foreign Policy: The Question of India in the Transformation of Geopolitics in Qing China* (Stanford: Stanford University Press, 2013), pp. 224 - 225.

② 包世臣：《职思图记为陈军门阶平作》，《包世臣全集》，1997，第 488 ~ 490 页。正如马士嘉（Matthew W. Mosca）在《从边疆政策到外交政策》一书所指出的，包世臣是第一个将海防问题与广泛的外海世界全面联系起来的中国士大夫。Matthew W. Mosca, *From Frontier Policy to Foreign Policy*, p. 223.

③ 包世臣：《歼夷议》，《包世臣全集》，1997，第 500 ~ 502 页；《泾县志》，第 927 页；陈文誉：《爱国忧民、力倡改革的包世臣》，《安徽史学》1994 年第 1 期，第 48 ~ 49 页。

包世臣目睹了19世纪初以来中国社会危机的日益加深。他的职业生涯开始于白莲教起义的前线，在此过程中，他亲身体验了和珅腐败集团造成的行政效率低下和士气消沉。他经历了“嘉庆维新”从最初的令人兴奋到逐渐幻灭，看到了清朝长期以来的贸易顺差戏剧性转变为逆差，注意到了鸦片进口给社会带来的多重灾难，以及1820年代出现的道光萧条。[①] 尽管他一直相信清朝农业增长的潜力，但他对农民的日益贫困感到非常痛心。他警惕而愤怒地目睹了中国遭遇海上强敌的进犯，签订《南京条约》时他正好旅居南京城。1855年，因为太平天国运动，包世臣在颠沛流离中逝世，享年八十八岁。[②]

包世臣坚信，19世纪危机背后的根本问题不是清朝自然资源的减少，不是人口的快速增长，[③] 不是因为产权制度不合理和财富分配不均，甚至不是因为皇帝制度、外族统治和清朝的国体；相反，是因为各种制度带来的积弊，导致财富被自私自利的中间阶层“中饱”，从而掠夺了国家和民众所需的资源。1836年在江西发生的一个具体案例中，包世臣发现尽管道光帝下旨将所有1830年大水以前的“民欠”直接蠲免，但当地的书役仍然在征收积欠，实际上使得“累孤寡而肥书役”。[④] 在1846年写给孟开的信中，包世臣写道：“生平所学，主于收奸人之利，三归于国，七归于民。”[⑤] 当然，在明末清初顾炎武的著作中，同样对“中饱”进行了抨击；直到19世

① 道光萧条目前在学术界仍存在争议，至少从包世臣的视角来看确实存在。

② 胡朴安：《包世臣年谱》，第240页；Mann, *Talented Women*, p. 118.

③ 包世臣对人口增长表现出赞赏的态度。

④ 包世臣：《留致江西新抚部陈玉生书》，《包世臣全集》，第256～260页。

⑤ 包世臣：《答族子孟开书》，《包世臣全集》，第234～236页。

纪中后期，打击“中饱”已经成为像胡林翼等改革者心中最重要的事情。[①] 因此，包世臣对“中饱”的关注似乎比同时代人要更早。

包世臣还认为，像他这样的专家完全有能力去除这些弊端。他有足够的洞察力来发现问题，有足够的勇气提出变法改制，并坚持到底。关于后者，他当然是正确的。实际上，他可以而且确实进行了一些减轻民众负担的改革。但嘉道时期出现的社会危机，即使是非常敏锐的包世臣，是否真正认识到了危机的严重性呢？

嘉道时期，究竟有什么事情是被包世臣错过的，或是他根本没有注意到的呢？清朝的各类基础设施在嘉道两朝严重的衰败，包世臣在他的河政改革建议中反复提及了该问题，[②] 他提出大运河不再适合运输漕粮，也暗含着他承认大运河已经难以治理。与此相关的是新出现的长期的生态环境衰退，例如长江更频繁地发生洪水。学者们可以就这些细节进行讨论，但有些重大变化是无法否认的。嘉道时期，清朝的军事结构和经济生产关系正在发生重大变化，各个领域的商业化都在不断增强。随着西欧工业革命的第一波影响开始蔓延到清朝等遥远的市场，经济全球化也在深刻地改变世界。

最后，在结论部分，我们或许可以找出包世臣在政策制定时所考虑的一些基本假设，或是对他有所帮助的内容。一是不再将宋明理学作为公共话语的思想基础。雍正、乾隆时期，即使是最务实的改革者，他们的行政活动仍根源于儒家的言论。

---

① 例如，参见 Rowe,“Hu Lin-i.”

② 本书没有涉及河工问题。

在 18 世纪，这对于如陈宏谋这样的改革者而言是一个深刻的个人信仰问题。嘉道时期的包世臣和其他改革者，虽然仍认为儒家的家庭伦理和其他理念对维护公共秩序做出了重要贡献，但他们已经远远超越了理学的价值体系，并为他们的公共政策寻求新的合法性。[①] 与此同时，人们变得更加经世致用，提倡世俗改革。与魏源、龚自珍和其他今文经学或《公羊传》的研究者相比，包世臣在这方面要弱一些，但他常常在政策建议的开头提出一种观点，即重复历史上成功的事情是没有意义的，因为现在的条件发生了不可逆转的根本性改变。

如果不是特例的话，包世臣的职业生涯也标志着"专业技术知识"作为一种有价值的个人和政治资产的出现。毫无疑问，文人士大夫的"业余式的理想主义"在他那个时代仍然存在，但已经长期受到拥有专业知识和职业日益专业化的挑战。费侠莉（Charlotte Furth）等人已经阐释了在明清时期，如何将一种案例分析系统用于对医学、法律、佛教，甚至是儒家道德、政治思想等领域的培训和资格认证。[②] 包世臣没有强调这种方法，但我们已经看到他是如何运用另一种技术，即定量分析来展示他比"小儒""空谈主义者""业余学者"拥有更高超的专业知识。同样，他还利用实地调查和现场访谈形

① 不可否认，宋代理学的复兴激发了 19 世纪中期一些人的思想，尤其胡林翼、曾国藩等湖南人。但正如芮玛丽（Mary Wright）很久以前指出的那样，这是一项复兴运动，这一思想随着这些人的逝世也基本上消亡了。包世臣、魏源以及他们同时代的人显然都摆脱了宋明理学，但在 19 世纪后几十年，理学又因为成为政治改良主义的基础而重新抬头。

② Charlotte Furth, Judith T. Zeitlin, and Ping-chen Hsiung, eds. , *Thinking with Cases: Specialist Knowledge in Chinese Cultural History* (Honolulu: University of Hawai'I Press, 2007), See especially Furth's "Introduction," pp. 2 - 3, 20 - 22.

式，阐述盐船和沿海沙船的详细组织结构。在笔者看来，实地调研在一定程度上比他提出的特殊政策建议更加重要，因为这样好像是在宣称“我曾去过那里，和他们交谈，而你没有”。

不仅如此，包世臣在他的论证中严重地（并炫耀地）依赖玛丽·普维（Mary Poovey）所称的“现代准确论据”（Modern Fact）。根据普维的研究，建立在数据和计量基础上的“政治经济学”（Political Arithmetic）是17世纪英国的独有产物。[①] 因此，19世纪的卫三畏（Samuel Wells Williams）等汉学家，非常轻易地批评清朝“没有准确事实”。正如林东所指出的那样，这并不是说在明清时期的中国没有实证推理的传统，相反这在中国非常常见，例如考据学和经世致用之学，但清朝缺乏“特定的知识生产模式”——量化的事实，西方将量化自豪地视为社会政治领域必要的组成单元。[②] 在这点上，包世臣对数字的强烈兴趣似乎又一次与半个世纪后的“洋务运动”和“清末新政”相呼应。

无论是否选择将包世臣视为斯密式的“自由主义者”，[③] 但毫无疑问，在他的漕运、盐政改革建议中，无数的案例证明，他希望将很多领域开放给自由市场。在主要推崇“经世实学”的19世纪，重视市场并不常见。但很难否认的是，包

---

① Mary Poovey, *A History of the Modern Fact: Problems of Knowledge in the Sciences of Wealth and Society* (Chicago: University of Chicago Press, 1998). 关于西方量化发展历史的重要研究，还可以参见 Theodore M. Porter, *Trust in Numbers: The Pursuit of Objectivity in Science and Public Life* (Princeton: Princeton University Press, 1995).

② Tong Lam, *A Passion for Facts: Social Surveys and the Construction of the Chinese Nation-State, 1900 - 1949* (Berkeley: University of California Press, 2011), pp. 12 - 23.

③ 笔者在前文已经明确表示反对这种立场。

世臣和同时代的魏源、陶澍等人，至少提升了对商业和市场效率的信心。

总而言之，包世臣全心全意地追求“利润”“利益”，这不仅是为了民众，也是为了清朝统治者。他坦率地寻求国家的“富强”，这与晚清反帝爱国主义者和民族主义者的新担忧是一致的。因此，近代康有为、刘师培等激进知识分子将包世臣视为改革主义者，而现今的华人历史学者则将包世臣视为爱国忧民、力倡改革的士大夫，这都是说得通的。

参考文献

包世臣相关论著*

《包世臣全集》，李星、刘长桂点校，黄山书社，1991。

《包世臣全集》，李星点校，黄山书社，1993。

《包世臣全集》，李星点校，黄山书社，1997。

《包慎伯说储》，国学保存会，1906。

《艺舟双楫》，中国书店，1983。

中文论著

陈维昭：《带血的挽歌：清代文人心态史》，河北教育出版社，2001。

---

* 包世臣的许多作品，从他自己在世时就开始刊行，至今仍在继续。笔者主要依靠的是黄山书社在1990年代出版的三种《包世臣全集》，因为三个版本的书名完全相同，因此容易混淆。虽然无法确定这是否会是包世臣著作的最终版本，但因为这三个版本容易获取，也得到了学界的认可和广泛引用，因此笔者选择了这三个版本。除了黄山书社版外，笔者还根据需要引用了其他版本，包括国学保存会和中国书店的版本。

陈文誉：《爱国忧民、力倡改革的包世臣》，《安徽史学》1994年第1期。
陈昭南：《雍正乾隆年间的银钱比价变动》，“中国学术著作资助委员会”，1966。
道光《新喻县志》，成文出版社1988年影印版。
道光朝《筹办夷务始末》，故宫博物院，1929。
段超：《陶澍与嘉道经世思想研究》，中国社会科学出版社，2001。
冯天瑜：《道光咸丰年间的经世实学》，《历史研究》1987年第4期。
顾炎武：《郡县论》，《顾亭林诗文集》，中华书局，1959。
关文发：《嘉庆帝》，吉林文史出版社，1993。
郭松义：《明清时期的粮食生产与农民生活水平》，《中国社会科学院历史研究所学刊》第1集，社会科学文献出版社，2001。
贺力平：《鸦片贸易与白银外流关系之再检讨——兼论国内货币供给与对外贸易关系的历史演变》，《社会科学战线》2007年第1期。
胡朴安：《包慎伯先生年谱》，《包世臣全集》，1991。
胡寄窗：《中国经济思想史》，上海财经大学出版社，1998。
贺长龄、魏源编《皇朝经世文编》，道光六年本。
《泾县志》，道光五年本。
《泾县志》，方志出版社，1996。
刘广京：《19世纪初叶中国知识分子：包世臣与魏源》，《中央研究院国际汉学会议论文集》，中研院历史与考古组，1980。
刘广京：《魏源之哲学与经世思想》，《近世中国经世思想研讨会论文集》，中研院，1984。

刘广京：《经世、自强、新兴企业——中国现代化的开始》，《经世思想与新兴企业》，联经出版事业公司，1990。
罗竹风编《汉语大词典》，汉语大词典出版社，2001。
茅海建：《天朝的崩溃：鸦片战争再研究》，三联书店，2005。
倪玉平：《道光六年漕粮海运的几个问题》，《清史研究》2002年第3期。
倪玉平：《清朝嘉道财政与社会》，商务印书馆，2013。
彭信威：《中国货币史》，人民出版社，1965。
彭泽益：《1853～1868年的中国通货膨胀》，《中国科学院经济研究所集刊》，1979。
彭泽益：《清代前期手工业的发展》，《中国史研究》1981年第1期。
彭泽益：《鸦片战后十年间银贵钱贱波动下的中国经济与阶级关系》，《十九世纪后半期的中国财政与经济》，人民出版社，1983。
邱家穗：《铜钞议》，贺长龄、魏源编《皇朝经世文编》卷53，国风出版社，1963。
施立业：《包世臣〈说储〉初探》，《安徽大学学报》1997年第6期。
孙广德：《龚自珍的经世思想》，《近代中国经世思想研讨会论文集》，中研院，1984。
王宏斌：《林则徐关于“银贵钱贱”的认知与困惑》，《史学月刊》2006年第9期。
王鎏：《壑舟园初稿》（1835），转引自 Lin, *China Upside Down*, p. 150.
王鎏：《钱币刍言》，《续修四库全书》第838册，上海古籍出版社，1995。

魏秀梅：《贺长龄的经世思想》，《近代中国经世思想研讨会论文集》，中研院，1984。

魏源：《军储篇三》，《圣武记》卷14，1881年重印本。

夏鼐：《太平天国前后长江各省之田赋问题》，《清华学报》1935年第2期。

徐立望：《时移势变：论包世臣与常州士人的交往及经世思想的嬗变》，《安徽史学》2005年第5期。

张世明、冯永明：《“包世臣正义”的成本：晚清发审局的经济学考察》，《清史研究》2009年第4期。

张岩：《包世臣与近代前夜的“海运南漕”改革》，《近代史研究》2000年第1期。

张玉芬：《论嘉庆初年的“咸与维新”》，《清史研究》1992年第4期。

赵尔巽：《清史稿·列传》，明文书局，1983。

赵靖、易梦虹：《中国近代经济思想史》，中华书局，1980。

郑大华：《包世臣与嘉道年间的学风转变》，《安徽史学》2006年第4期。

中国人民大学清史研究所编《康雍乾时期城乡人民反抗斗争资料》，中华书局，1979。

《中国人名大字典》，台湾商务印书馆，1990。

周邦君：《包世臣的边际土地利用技术思想》，《中国农史》2002年第4期。

周启荣：《从“狂言”到“微言”：论龚自珍的经世思想与经今文学》，《近代中国经世思想研讨会论文集》，中研院，1984。

英文论著

Bartlett, Beatrice S. *Monarchs and Ministers: The Grand Council in Mid-Ch'ing China, 1723 – 1820.* Berkeley: University of California Press, 1991.

Benedict, Carol. *Golden-Silk Smoke: A History of Tobacco in China, 1550 – 2010.* Berkeley: University of California Press, 2011.

Bernal, Martin. "Liu Shih-p'ei and National Essence," in Charlotte Furth, ed., *The Limits of Change: Essays on Conservative Alternatives in Republican China.* Cambridge, MA: Harvard University Press, 1976.

Brewer, John. *The Sinews of Power: War, Money, and the English State, 1688 – 1783.* Cambridge, MA: Harvard University Press, 1988.

Chan, Wing-tsit. *A Sourcebook in Chinese Philosophy.* Princeton: Princeton University Press, 1963.

Chang, Hao. *Chinese Intellectuals in Crisis: Search for Order and Meaning, 1900 – 1911.* Berkeley: University of California Press, 1987.

Cheung, Sui-wai. *The Price of Rice: Market Integration in Eighteenth-Century China.* Bellingham: Western Washington University Press, 2008.

Ch'u, T'ung-tsu. *Local Government in China under the Ch'ing.* Stanford: Stanford University Press, 1962.

Collins, James B. "State Building in Early-Modern Europe: The

Case of France," in Victor Lieberman, ed., *Beyond Binary Histories: Re-imagining Eurasia to c. 1830*. Ann Arbor: University of Michigan Press, 1997.

Dai, Yingcong. "Civilians Go into Battle: Hired Militias in the White Lotus Wars, 1795 – 1805," *Asia Major*, 3rd ser. 22.2 (December 2009): 145 – 178.

DeBary, Wm. Theodore. *The Liberal Tradition in China*. New York: Columbia University Press, 1983.

Delury, John Patrick. "Depotism Above and Below: Gu Yanwu on Power, Money, and Mores," Ph. D. dissertation, Yale University, 2007.

Deng, Kent G. "Miracle or Mirage? Foreign Silver, China's Economy, and Globalization from the Sixteenth to the Nineteenth Centuries," *Pacific Economic Review* 13.3 (2008): 320 – 358.

Dunstan, Helen. *State or Merchant? Political Economy and Political Process in 1740s China*. Cambridge, MA: Harvard University Asia Center, 2006.

Elman, Benjamin A. *Classicism, Politics, and Kinship: The Ch'ang-chou School of New Text Confucianism in Late Imperial China*. Berkeley: University of California Press, 1990.

Fang, Qiang. "Hot Potatoes: Chinese Complaint Systems from Early Times to the Late Qing (1898)," *Journal of Asian Studies* 8.4 (November 2009): 1105 – 1136.

Faure, David. *Emperor and Ancestor: State and Lineage in South China*. Stanford: Stanford University Press, 2007.

Folsom, Kenneth E. *Friends, Guests, and Colleagues: The Mu-fu System in the Late Ch'ing Period.* Berkeley: University of California Press, 1968.

Furth, Charlotte, Judith T. Zeitlin, and Ping-chen Hsiung, eds. *Thinking with Cases: Specialist Knowledge in Chinese Cultural History.* Honolulu: University of Hawai'i Press, 2007.

Guy, R. Kent. *Qing Governors and Their Provinces: The Evolution of Territorial Administration in China, 1644 – 1796.* Seattle: University of Washington Press, 2010.

Han, Seunghyun. *After the Prosperous Age: State and Elites in Early Nineteenth-Century Suzhou.* Cambridge, MA: Harvard University Asia Center, 2016.

——. "Changing Roles of Local Elites from the 1720s to the 1830s," in Willard J. Peterson, ed., *Cambridge History of China*, vol. 9, *The Ch'ing Dynasty to 1800*, part 2. Cambridge: Cambridge University Press, 2016.

——. "The Punishment of Examination Riots in the Early to Mid-Qing Period," *Late Imperial China* 32.2 (December 2011): 133 – 165.

Helleiner, Eric. *The Making of National Money: Territorial Currencies in Historical Perspective.* Ithaca: Cornell University Press, 2003.

Hinton, Harold C. *The Grain Tribute System of China, 1845 – 1911.* Cambridge, MA: Harvard University, Chinese Economic and Political Studies, 1956.

Ho, Ping-ti. "The Salt Merchants of Yang-chou: A Study of Commercial Capitalism in Eighteenth-Century China," *Harvard*

Journal of Asiatic Studies 17 (1954): 130 – 168.

——. *Studies on the Population of China, 1368 – 1968.* Cambridge, MA: Harvard University Press, 1969.

Horesh, Niv. "Printed in London, Disbursed on the Bund: The Hongkong Bank and Its Early Note Issue in Shanghai, 1865 – 1911," *Late Imperial China* 27. 1 (June 2006): 109 – 140.

Hoshi Ayao. *The Ming Tribute Grain System.* Ed. and trans. Mark Elvin. Ann Arbor: University of Michigan, Center for Chinese Studies, 1969.

Hsiao, Kung-chuan. *Rural China: Imperial Control in the Nineteenth Century.* Seattle: University of Washington Press, 1960.

Hua Rende. "The History and Revival of Northern Wei Stele-Style Calligraphy," in Cary Y. Liu et al., eds., *Character and Context in Chinese Calligraphy.* Princeton: Princeton University Art Museum, 1999.

Hucker, Charles O. *A Dictionary of Official Titles in Imperial China.* Stanford: Stanford University Press, 1985.

Hummel, Arthur, ed. *Eminent Chinese of the Ch'ing Period.* Washington, DC: U. S. Government Printing Office, 1943.

Hung, Ho-fung "Cultural Legitimacy, Capital Appeal, and Delayed State Breakdown in Qing China, 1805 – 1839," Unpublished paper, cited with permission.

Irigoin, Alejandra. "The End of a Silver Era: The Consequences of the Breakdown of the Spanish Peso Standard in China and the United States, 1780s – 1850s," *Journal of World History* 20. 2 (2009):

207 – 243.

Jones, Susan Mann. "Finance in Ningpo: The 'Ch'ien Chuang,' 1750 – 1880," in W. E. Willmott, ed., *Economic Organization in Chinese Society*. Stanford: Stanford University Press, 1972.

——. "Hung Liang-chi (1746 – 1809): The Perception and Articulation of Political Problems in Late Eighteenth Century China," Ph. D. dissertation, Stanford University, 1971.

Jones, Susan Mann, and Philip A. Kuhn. "Dynastic Decline and the Roots of Rebellion," in John King Fairbank, ed., *Cambridge History of China*, *vol. 10*, *Late Ch'ing*, *1800 – 1911*, part 1. Cambridge: Cambridge University Press, 1978.

Kaske, Elisabeth. "Fund-Raising Wars: Office Selling and Interprovincial Finance in Nineteenth-Century China," *Harvard Journal of Asiatic Studies* 71. 1 (June 2011): 69 – 141.

Kishimoto, Mio. "New Studies on Statecraft in Mid-and Late-Qing China: Qing Intellectuals and Their Debates on Economic Policies," *International Journal of Asian Studies* 6. 1 (2009): 87 – 102.

Kuhn, Philip A. "Local Self-Government under the Republic: Problems of Control, Autonomy, and Mobilization," in Frederic Wakeman, Jr., and Carolyn Grant, eds., *Conflict and Control in Late Imperial China*. Berkeley: University of California Press, 1975.

——. *Origins of the Modern Chinese State*. Stanford: Stanford University Press, 2002.

——. *Rebellion and Its Enemies in Late Imperial China: Militarization and Social Structure, 1796 – 1864.* Cambridge, MA: Harvard University Press, 1970.

Kwass, Michael. *Contraband: Louis Mandrin and the Making of a Global Underground.* Cambridge, MA: Harvard University Press, 2014.

Lam, Tong. *A Passion for Facts: Social Surveys and the Construction of the Chinese Nation State, 1900 – 1949.* Berkeley: University of California Press, 2011.

Lee, James Z., and Wang Feng. *One Quarter of Humanity: Malthusian Mythology and Chinese Realities.* Cambridge, MA: Harvard University Press, 1999.

Leonard, Jane Kate. *Controlling from Afar: The Daoguang Emperor's Management of the Grand Canal Crisis, 1824 – 1826.* Ann Arbor: University of Michigan, Center for Chinese Studies, 1996.

——. *Wei Yuan and China's Rediscovery of the Maritime World.* Cambridge, MA: Harvard University, Council on East Asian Studies, 1984.

Li, Bozhong. *Agricultural Development in Jiangnan, 1620 – 1850.* New York: St. Martin's Press, 1998.

Lin, Man-houng. *China Upside Down: Currency, Society, and Ideologies, 1808 – 1856.* Cambridge, MA: Harvard University Asia Center, 2006.

——. "A Time in Which the Grandsons Beat the Grandfathers: The Rise of Liberal Political-Economic Ideologies in China's Monetary Crisis, 1808 – 1854," *American Asian Review* 9.4 (December 1991): 1 – 28.

——. "Two Social Theories Revealed: Statecraft Controversies

over China's Monetary Crisis, 1808 – 1854," *Late Imperial China* 12. 2 (December 1991): 1 – 35.

Liu, Lydia H. *The Clash of Empires: The Invention of China in Modern World Making.* Cambridge, MA: Harvard University Press, 2004.

Mann, Susan. *The Talented Women of the Zhang Family.* Berkeley: University of California Press, 2007.

Mayers, William Frederick. *The Chinese Government.* Shanghai: Kelly and Walsh, 1897.

McMahon, Daniel. "Dynastic Decline, Heshen, and the Ideology of the Xianyu Reforms," *Tsing Hua Journal of Chinese Studies*, new ser. 38. 2 (June 2008): 231 – 255.

Metzger, Tomas A. *The Internal Organization of Ch'ing Bureaucracy: Legal, Normative, and Communication Aspects.* Cambridge, MA: Harvard University Press, 1973.

——. "T'ao Chu's Reform of the Huaipei Salt Monopoly (1831 – 1833)," *Papers on China* 16 (1962): 1 – 39.

Momose, Hiromu. "Pao Shih-ch'en," in Arthur Hummel, ed., *Eminent Chinese of the Ch'ing Period.* Washington: U. S. Government Printing Office, 1943.

Mosca, Matthew W. *From Frontier Policy to Foreign Policy: The Question of India in the Transformation of Geopolitics in Qing China.* Stanford: Stanford University Press, 2013.

Myers, Ramon H. *The Chinese Economy: Past and Present.* Belmont, CA: Wadsworth, 1980.

Naquin, Susan. *Millenarian Rebellion in China: The Eight Trigrams Uprising of 1813.* New Haven: Yale University Press, 1976.

Nivison, David S. "Ho-shen and His Accusers: Ideology and Political Behavior in the Eighteenth Century," in David S. Nivison and Arthur S. Wright, eds., *Confucianism in Action*. Stanford: Stanford University Press, 1959.

Ocko, Jonathan K. "I'll Take It All the Way to Beijing: Capital Appeals in the Qing," *Journal of Asian Studies* 47.2 (May 1988): 291–315.

Perdue, Peter C. *Exhausting the Earth: State and Peasant in Hunan, 1500–1850*. Cambridge, MA: Harvard University Press, 1987.

——. "Official Goals and Local Interests: Water Control in the Dongting Lake Region during the Ming and Qing Periods," *Journal of Asian Studies* 41.4 (August 1982): 747–765.

Platt, Stephen R. *Provincial Patriots: The Hunanese and Modern China*. Cambridge, MA: Harvard University Press, 2007.

Polachek, James M. *The Inner Opium War*. Cambridge, MA: Harvard University, Council on East Asian Studies, 1992.

Poovey, Mary. *A History of the Modern Fact: Problems of Knowledge in the Sciences of Wealth and Society*. Chicago: University of Chicago Press, 1998.

Porter, Teodore M. *Trust in Numbers: The Pursuit of Objectivity in Science and Public Life*. Princeton: Princeton University Press, 1995.

Rawski, Evelyn S. "Agricultural Development in the Han River Highlands," *Ch'ingshih wen-t'i* 3.4 (1975): 63–81.

——. "The Qing Formation and the Early Modern Period," in Lynn A. Struve, ed., *The Qing Formation in World-Historical*

Time. Cambridge, MA: Harvard University Asia Center, 2004.

Richards, John F. "Early Modern India and World History," *Journal of World History* 8. 2 (1997): 197 – 209.

Rowe, William T. *Crimson Rain: Seven Centuries of Violence in a Chinese County.* Stanford: Stanford University Press, 2007.

——. *Hankow: Commerce and Society in a Chinese City, 1796 – 1889.* Stanford: Stanford University Press, 1984.

——. "Hu Lin-i's Reform of the Grain Tribute System in Hupeh, 1855 – 58," *Ch'ingshih wen-t'i* 4. 10 (December 1983): 33 – 86.

——. "Provincial Monetary Practice in Eighteenth-Century China," in Christine Möll-Murata, Song Jianze, and Hans Ulrich Vogel, eds., *Chinese Handicraft Regulations of the Qing Dynasty.* Munich: Iudicium, 2005.

——. *Saving the World: Chen Hongmou and Elite Consciousness in Eighteenth Century China.* Stanford: Stanford University Press, 2001.

——. "Urban Control in Late Imperial China: The Pao-chia System in Hankow," in Joshua A. Fogel and William T. Rowe, eds., *Perspectives on a Changing China.* Boulder: Westview Press, 1979.

Schneider, Lawrence A. "National Essence and the New Intelligentsia," in Charlotte Furth, ed., *The Limits of Change: Essays on Conservative Alternatives in Republican China.* Cambridge, MA: Harvard University Press, 1976.

Schwartz, Benjamin I. *In Search of Wealth and Power: Yen Fu and the West. Cambridge*, MA: Harvard University Press, 1964.

Shimada Kenji. *Pioneer of the Chinese Revolution: Zhang Binglin and*

Confucianism. Trans. Joshua A. Fogel. Stanford: Stanford University Press, 1990.

Sommer, Matthew H. *Polyandry and Wife-Selling in Qing Dynasty China: Survival Strategies and Judicial Interventions.* Berkeley: University of California Press, 2015.

——. *Sex, Law, and Society in Late Imperial China.* Stanford: Stanford University Press, 2000.

Sun, E-tu Zen. *Ch'ing Administrative Terms: A Translation of the Terminology of the Six Boards with Explanatory Notes.* Cambridge, MA: Harvard University Press, 1961.

Sutton, Donald S. "Ethnicity and the Miao Frontier in the Eighteenth Century," in Pamela Kyle Crossley, Helen F. Siu, and Donald S. Sutton, eds., *Empire at the Margins: Culture, Ethnicity, and Frontier in Early Modern China.* Berkeley: University of California Press, 2006.

Telford, Ted A. "Family and State in Qing China: Marriage in the Tongcheng Lineages, 1650 – 1850,"《近世家族与政治比较历史论文集》, 中研院近代史研究所, 1992。

Thaxton, Ralph A., Jr. *Salt of the Earth: The Political Origins of Peasant Protest and Communist Revolution in China.* Berkeley: University of California Press, 1997.

Vogel, Hans Ulrich. "Chinese Central Monetary Policy, 1644 – 1800," *Late Imperial China* 8.2 (December 1987): 1 – 52.

Von Glahn, Richard. "Foreign Silver Coins in the Market Culture of Nineteenth Century China," *International Journal of Asian Studies* 4.1 (2007): 51 – 78.

——. *Fountain of Fortune: Money and Monetary Policy in China, 1000 – 1700*. Berkeley: University of California Press, 1996.

Waley, Arthur. *The Opium War through Chinese Eyes*. Stanford: Stanford University Press, 1958.

Wang, Wensheng. *White Lotus Rebels and South China Pirates: Crisis and Reform in the Qing Empire*. Cambridge, MA: Harvard University Press, 2014.

Wang, Yeh-chien. *Land Taxation in Imperial China, 1750 – 1911*. Cambridge, MA: Harvard University Press, 1973.

Whitbeck, Judith. "From K'ao-cheng to Ching-shih: Kung Tzu-chen and the Redirections of Literati Commitment in Early Nineteenth Century China,"《近代中国近世思想研讨会论文集》，中研院近代史研究所，1984。

Wilhelm, Hellmut. "The Background of Tseng Kuo-fan's Ideology," *Asiatisch Studien* 3 – 4 (1949): 90 – 100.

Wilkinson, Endymion P. *Studies in Chinese Price History*. New York: Garland Press, 1980.

Will, Pierre-Étienne. "Le contrôle de l'excès de pouvoir sous la dynastie des Ming," in Mireille Delmas-Marty and Pierre-Étienne Will, eds. , *La Chine et la démocratie*. Paris: Fayard, 2007.

——. "The 1744 Annual Audits of Magistrate Activity and Their Fate," *Late Imperial China* 18. 2 (December 1997): 1 – 50.

——. "Un cycle hydrauliqueen Chine: la province du Hubei du 16ème au 19ème siècles," *Bulletin de l'écolefrançaised'extrême orient* 68 (1980): 261 – 287.

Yen, Yuehping. *Calligraphy and Power in Contemporary Chinese*

Society. London: Routledge,2005.

Young, Arthur N. *China's Nation-Building Effort, 1927 – 1937: The Financial and Economic Record.* Stanford: Hoover Institution Press, 1971.

Zanasi, Margherita. "Frugality and Luxury: Morality, Market, and Consumption in Late Imperial China," *Frontiers of History in China* 10. 3 (September 2015): 457 – 485.

Zarrow, Peter. "Anti-Despotism and 'Rights Talk': The Intellectual Origins of Modern Human Rights Tinking in the Late Qing," *Modern China* 34. 2 (April 2008): 179 – 209.

Zhang, Ting. "Penitence Silver and the Politics of Punishment in the Qianlong Reign, 1736 – 1796," *Late Imperial China* 31. 2 (December 2010): 34 – 68.

Zhao, Gang. "Reinventing China: Imperial Qing Ideology and the Rise of Modern Chinese National Identity in the Early Twentieth Century," *Modern China* 32. 1 (January 2006): 3 – 30.

——. *The Qing Opening to the Ocean: Chinese Maritime Policies, 1684 – 1757.* Honolulu: University of Hawai'i Press, 2013.

日文论著

岩井茂樹「朝貢と互市」『東アジア近現代通史 1 東アジア世界の近代　一九世紀』、岩波書店、2010。

大谷敏夫「包世臣の実学思想について〔付略年譜〕」『東洋史研究』28（3）、1969。

黒田明伸「乾隆の銭貴」『東洋史研究』45（4）、1987。

佐伯富『清代塩政の研究』、東洋史研究会、1956。

佐伯富「中国近世における独裁君主の経済政策」『中国史研究　第2』（東洋史研究叢刊）東洋史研究会、1971。

鈴木中正『清朝中期史研究』愛知大学国際問題研究所、1952。

星斌夫『大運河：中国の漕運』、近藤出版社、1971。

諸橋轍次『大漢和辞典』、大修館書店、1966。

译后记

受中国史学科划分的影响，学界长期以来将1840年作为古代史和近代史的分界线，导致研究清史的学者，或是专注于康雍乾的“盛世”，或是研究1840年以后的晚清史，嘉道时期的研究相对薄弱。近年来，西方学者越来越多将关注点放在了嘉道时期，并将嘉庆朝出现的新现象，如地方精英权力的兴起等因素视为中国近代的开端。本书探讨的便是活跃于嘉道两朝的包世臣，他虽然未曾担任高官，但作为幕僚，他在盐政、漕运、河工等方面提出了许多建议，并被中央官员、地方督抚所采纳。包世臣显然对当时的政治、经济产生了深刻的影响，而且他的眼光要比同时代的人更超前，预见到了19世纪后半叶的许多改革。

我对嘉道时期的了解，最初来自导师倪玉平教授的三本专著——《清代嘉道财政与社会》、《清朝嘉道关税研究》和《博弈与均衡：两淮盐政改革论纲》。通过阅读这三本书，我对嘉道时期的盐政、河工、漕运、关税等问题有了初步的了解。后来又阅读了一些原始史料和其他论著，加深了我对嘉道时期的认识。嘉道之际并非孤立于整个清史，因此只有站在整个清史的视角，才能更好地理解嘉道之变。

罗威廉教授是著名的海外中国史研究专家，他的关于汉口的两本专著一直是城市史研究的经典，此外还有数本论著被译成中文出版。能够翻译罗威廉教授的专著，我感到非常荣幸，同时也认识到了这项任务的重要性。本书正文六章的标题，罗威廉教授进行了高度概括，为便于中国读者了解全章内容，我们进行了一定的改动。本书正文的翻译，主要采取直译的形式，以保证准确地表达罗威廉教授的观点。在翻译过程中我尽量查阅了所有中文引文的原文，并在注释中列出了部分原文，供读者参考。

罗威廉教授曾于2011年发表论文《乾嘉变革在清朝历史上的重要性》,[①] 强调乾嘉之变的重要意义。除了乾嘉之变，本书也多处提及嘉庆、道光两朝的差异。本书虽然是包世臣的个案研究，展现的却是整个嘉道时期士人“救世”的努力，以及漕运、盐政等改革的历史过程。本书的翻译推介，希望能够帮助中国读者对嘉道时期有更深入的了解。

在接手翻译工作之初，觉得十分茫然。虽然对本书写作的历史背景较为熟悉，但真正开始后，才感受到了阅读与翻译的差别，理解英文意思虽然不难，但转换成中文却并非易事。在这里，非常感谢社会科学文献出版社李期耀老师的辛勤工作，编辑校对了全书，为本书增色不少，同时李老师还承担了日文注释的回译工作。导师倪玉平教授审阅了全书，倪老师是研究嘉道时期政治、经济问题的专家，本书亦多处引用其研究成果。在翻译过程中，我曾就一些问题通过邮件与罗威廉教授联系，得到了热情的回复，谨此一并衷心致谢。

2019年春于清华园

---

① William T. Rowe. “Introduction: The Significance of the Qianlong-Jiaqing Transition in Qing History,” *Late Imperial China*, Vol. 32 No. 2 (December 2011), pp. 77 – 84. 本书《前言》。

图书在版编目（CIP）数据

言利：包世臣与 19 世纪的改革 /（美）罗威廉（William T. Rowe）著；许存健译．--北京：社会科学文献出版社，2019.5（2019.7 重印）

书名原文：Speaking of Profit：Bao Shichen and Reform in Nineteenth-Century China

ISBN 978-7-5201-4710-1

Ⅰ.①言… Ⅱ.①罗… ②许… Ⅲ.①包世臣（1775-1855）-人物研究 Ⅳ.①K825.72

中国版本图书馆 CIP 数据核字（2019）第 066801 号

言利：包世臣与 19 世纪的改革

著　　者 / ［美］罗威廉（William T. Rowe）
译　　者 / 许存健
审　　校 / 倪玉平

出 版 人 / 谢寿光
责任编辑 / 李期耀

出　　版 / 社会科学文献出版社·历史学分社（010）59367256
地址：北京市北三环中路甲 29 号院华龙大厦　邮编：100029
网址：www.ssap.com.cn
发　　行 / 市场营销中心（010）59367081　59367083
印　　装 / 三河市东方印刷有限公司

规　　格 / 开 本：880mm×1230mm　1/32
印 张：7　字 数：161 千字
版　　次 / 2019 年 5 月第 1 版　2019 年 7 月第 2 次印刷
书　　号 / ISBN 978-7-5201-4710-1
著作权合同登记号 / 图字 01-2018-5776 号
定　　价 / 59.00 元